U0869859

立德树人

成就最好的学生和老师

MAKE THE BEST STUDENTS AND TEACHERS

邓跃茂——著

人民东方出版传媒
東方出版社

推荐序

立德树人，心里装着中国梦

邓跃茂同志在中国人民大学附属中学工作20多年，勤奋踏实，不断进取，从一位普通教师发展成为学校的管理者，我一直为他的成长感到高兴。近日，听闻他的研究成果付梓出版，我更是欣喜。他能在繁忙的事务工作中坚持进行学术研究，难能可贵。邓跃茂同志现在担任中国人民大学附属中学副校长、中国人民大学附属中学朝阳学校的党总支书记，他选的研究题目是立德树人，与他的工作密切相关，而且立德树人是党的十八大报告明确提出的我们党教育方针的基本论述，可见他善于思考，把握住了时代脉搏，站在了教育前沿。他的这本著作，从中国文化的角度，追溯了立德树人的渊源，梳理了立德树人在我国不同历史时期的表现形态，特别是在习近平新时代中国特色社会主义思想框架下深度阐释与挖掘了立德树人的内涵和外延，具有时代价值和现实意义。

我从事教育工作54年，担任副校长和校长30年，没有离开过教育一线，也没有离开过中学。我是基础教育的实践者、思考者、行动者，亲历了半个世纪来中国教育发展的历程，对立德树人有深切的体会。借此机会我谈谈对立德树人的认识。

2012 年，党的十八大报告明确提出，党的教育方针是“坚持教育为社会主义现代化建设服务、为人民服务，把立德树人作为教育的根本任务，培养德智体美全面发展的社会主义建设者和接班人”。这是我们党首次明确提出立德树人的概念，它阐明了德育在教育中的优先地位，育人是教育的本质所在。立德树人的提出是我们党在教育问题上的重大理论创新，这一重大理论创新是我们党在准确把握我国社会发展阶段与特征的基础上，对当今及未来教育任务提出的明确要求，也是我们党在长期教育实践探索基础上提出来的重大论断。

梁启超先生曾说，中国文化的精义，就是“修己安人，内圣外王”。修己修到极致，就是“内圣”；安人安到极致，就是齐家治国平天下的“外王”。立德树人，就是要做“内圣外王”的功夫，就是要培养品德高尚、能力全面的学生。立德，就是要让学生有一颗美丽而强大的中国心，这颗中国心里装着中国梦；树人，就是要让学生有报效祖国、服务社会、完美人生的能力。立德树人，实质上是品德教育和能力教育的结合；培育和践行社会主义核心价值观的过程，也一定是改造主观世界与改造客观世界相统一的过程。只有这样，我们才能培养出靠得住、有本事的人才，培养出忠诚干净担当的接班人。

教育的本真是育人，育人的本真是立德树人。教育是心灵与心灵的沟通，教育是灵魂与灵魂的碰撞；教育可以使人心灵净化，教育可以使人生命伟大。这是我几十年教育心得的一个总结。

是为序。

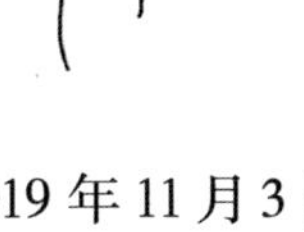

2019 年 11 月 3 日

目录
Contents

第一章

立德树人：东方与西方

第二章

立德树人：转型中国与马克思主义

立德树人：升华与深化

立德树人：经验与启示

第一章＼Chapter 1

立德树人：

东方与西方

第一节

文化基因：圣人之学

教，上所施，下所效也；育，养子使作善也。

——《说文解字》

从原始社会到夏商时代，中国古代的先民从野蛮走向文明，社会形态从氏族社会发展到国家形态，在这个进程之中，中国社会的公共道德意识初步形成，并日益发挥着不容忽视的作用。西周以后，中国学术在春秋战国时期迎来百花齐放的黄金时代，这一时期流派迭起，诸子争鸣，呈现出前所未有的思想盛世。在繁华喧嚣背后，则是文化多元的社会形态下社会道德标准的纷乱与茫然。儒、道、墨、法、名、阴阳等诸家学派基于不同的角度，创建并阐发各自思想的理论框架与精神内涵，欲以此完成社会最高道德标准的建构。然而直至秦始皇吞并六国，实现一统大业，这种理论纷争才因政治格局的改变而宣告终结。秦汉大一统政局的出现，为儒家独尊奠定了坚实的现实基础，也使以儒术为核心理念的传统思想道德教育体系的建构和确立成为可能。儒家思想的统治地位一经确立，就表现出强大的影响力和旺盛的生命力。

一、传统儒家的立德与树人理念

汉武帝时代，董仲舒上“天人三策”，独尊儒术，儒家思想作为统治思想的地位就此奠定。此后尽管朝代更迭，但儒家作为封建时代统治思想的垄断地位始终如一，那个时代青少年思想道德教育的内涵、范式虽经不断完善优化，却并未有本质改变。也就是说，在近两千年的历史时期内，中国本土的立德与树人观念均属儒家范畴，而相应的思想道德教育政策也始终以维持儒家思想的统治地位为根本诉求。这一情况直到 20 世纪以后，随着五四新文化运动的兴起和封建时代的终结，历史悠久的儒家青少年思想道德教育理念才逐步退出历史舞台。

有学者提出，在中国传统儒家思想中，德治取向中的教育主要为

“善良”之意，也就是说德育实为教育之本义。[1] 东汉许慎《说文解字》有云：“教，上所施，下所效也；育，养子使作善也。”换言之，以儒学思想为核心的中国传统文化语境下的教育精髓实际上就是今天的思想道德教育，中国传统思想道德教育的发展壮大始终与中国文化的历史发展相伴。具体来说，中国传统的儒家思想道德教育以向往圣贤为主旨精神，注重思想道德教育精神的明确性、载体的多元性和内容的丰富性。中国数千年社会能够寿祚绵长，辐射广阔，其深刻的意蕴正在于社会教化的施展。[2] 儒家思想主张整合各种资源来推动立德与树人事业的发展，这是其生命力强盛、历久弥新的重要原因。

首先，从维护社会秩序的角度来说，统治阶级通过思想道德教育的方式把严格遵守既定秩序的道德理念传递给成长中的青少年，使其认识到既定道德原则的合理性与神圣性，此即儒家思想的立德过程。早在战国时期，君臣、父子、夫妻之间的尊卑秩序即已被视为社会运转的基础关系。《韩非子·忠孝》提出：“臣事君，子事父，妻事夫，三者顺则天下治，三者逆则天下乱，此天下之常道也。”至汉代，儒术独尊之后，忠君之道成为天下大道，凡读圣贤书者皆以此自励自勉。《白虎通义·五行》提出：“子顺父，妻顺夫，臣顺君，何法？法地顺天也。”换言之，经儒家思想的调整转换，政治原则与道德标准被携同捆绑，政治要求最终以道德需求的方式表现出来，进而将封建王朝的统治根基、社会秩序与人伦道德联系起来，从而进一步说明统治集团执掌政权的合理性与合法性。在漫长的封建时代中，忠君

① 陈桂生：《中国德育问题》，福建教育出版社2006年版，第5页。

② 雷月荣、程红艳：《传承与融合：论中国传统教化及其当代德育价值》，《当代教育科学》2019年第1期。

爱国成为社会发展的主旋律，这为历代统治阶级之所乐见。在不同的历史时期，也正是在这种理念的支撑下，中国古代社会与传统文化方能在战乱烽火中传承繁衍和世代延续。

其次，从另一个角度来说，提升个人修养、完善个体性格，对于社会进步具有积极意义，此即为儒家之树人。如前所述，中国传统的儒家思想道德教育的指导理念是以圣贤之道为青少年的终极追求，自汉代独尊儒术以后，便成不变之铁律。《孟子·公孙丑上》指出：“圣人之于民，亦类也。出于其类，拔乎其萃。”北宋邵雍《皇极经世·观物篇》称：“人也者，物之至者也；圣也者，人之至者也。”在儒家文化语境下，圣贤本来是指资质卓著、智慧过人、超凡脱俗之士，并非寻常人所能及。不过随着独尊儒术后，儒家的思想道德教育体系日趋完备，圣贤遂游离于众生之外，逐渐成为接受传统思想道德教育的青少年之努力方向。中国古代社会的青少年个体，就是在对前贤往圣的无限向往的气氛中成长起来，完成了人生中最初的思想道德教育的。圣人之于中国传统儒家文化，一方面表明了人类社会从野蛮到文明的教化进程，另一方面也成为传统社会中绝大多数个体成员提升自我的道德楷模。中国传统文化向来以修身养性为追求，其实就是对圣贤的向往和模仿，受此影响的青少年就这样成为一代又一代传统社会的追随者、支持者与中坚力量。

总的来说，中国传统的立德与树人理念，从宏观的角度来说，是出于齐家、治国、平天下这一儒家政治理想的现实需要；从微观角度来说，则是个体自我成长与发展的内心需求。从实施和完成度情况来看，中国青少年思想道德教育传统在当时的历史背景下，基本实现了上述两个目标。

二、传统儒家的立德与树人理念的实践路径

中国传统儒家立德与树人理念的形成和确立是以服务于儒家思想主旨为前提的。封建王朝的统治者不断地为立德与树人理念的确立和传播提供政策支持和制度保障，从而实现了既定社会秩序的稳定和国家社会的传承有序、稳定发展。概而言之，在以儒家思想为核心的传统文化指引下，中国传统儒家思想实现了立德与树人思想道德教育载体的多元化发展，家庭、学校及社会均在古代思想道德教育这一庞大体系中承担着不可替代的重要职责，而道德标准和人才选拔政策又以所立之德为最高标准，从而保证了立德与树人理念的现实践行。

首先，家庭教育是儒家立德与树人理念现实践行的重要平台。《礼记·大学》云："身修而后家齐，家齐而后国治，国治而后天下平。"家庭作为整个社会最基层的社会组织，承担着维护和传递社会主流价值观念的基本职能。对于任何一个社会个体而言，家庭是实施思想道德教育的基本单位，也是其接受思想道德教育的开始。班固《白虎通义·三纲六纪》有云："三纲者，何谓也？君臣、父子、夫妇也。"《礼记·乐记》载："然后圣人作，为父子君臣，以为纪纲。"唐孔颖达疏："《礼纬·含文嘉》云：三纲谓君为臣纲，父为子纲，夫为妻纲。"在传统文化视角下，君臣是古代社会最根本的人际关系，父子与夫妻则为基本关系，前者象征江山社稷，后者则代表着构筑天下的基层单位。而为了强化君君、臣臣、父父、子子的等级观念与道德秩序，古代中国有着极其发达的家训文化，世代传递，蔚为壮观。孟子曰："天下之本在国，国之本在家，家之本在身。"《颜氏家训》开篇阐述了家风要旨："吾家风教，其基本内容无外乎要家人清白做人，自立自重，忠君爱国，宽柔慈厚。"《颜氏家训·诫兵篇》曰："国之兴亡，兵之

胜败，博学所至，幸讨论之。入帷幄之中，参庙堂之上，不能为主尽规以谋社稷，君子所耻也。”可见家训对家族成员的要求有二：一方面，要承担起作为社稷之臣的应有之义；另一方面则是要强调对青少年的训诫，恩威并施，刚柔并济，提升个人修养。《颜氏家训·教子篇》称：“生子咳提，师保固明孝仁礼义，导习之矣。凡庶纵不能尔，当及婴稚识人颜色、知人喜怒，便加教诲，使为则为，使止则止，比及数岁，可省笞罚。”在中国传统家庭德育实践中，古代先民始终聚焦精神塑造和人格涵养，致力于培养人的个体道德、家庭美德和社会公德，通过家训、族规、家学、乡约等家庭德育范式，最终走出了一条中国特色育人之路。[①] 概而言之，在中国传统社会中，以家庭为单位的思想道德教育是整个思想道德教育的开始，也是最基础、最重要的一环。

其次，学校教育是儒家立德与树人理念的重要传播载体。《礼记·学记》把学校教育看作是实施教化的最重要途径：“建国君民，教学为先”“化民成俗，其必由学”。不过当时的学校教育主要为王官之学，非寻常百姓所能享有。至孔子时代，随着王官之学的旧有格局被打破，学术下移，普通百姓也可以接受教育，这种转变成为中国文化发展历程中具有里程碑意义的一件大事。孔子主张“学而知之”（《论语·季氏》），且称“吾尝终日不食，终夜不寝，以思，无益，不如学也”（《论语·卫灵公》）。作为开创儒学理论体系的重要人物，孔子及其继任者孟子二人一生均游历天下，授徒无数，堪称中国教育鼻祖，他们的思想也深刻地影响着中国人民的族性格的形成。《汉书·食货志上》如是记述在传统社会下一个儿童从家庭教育向学校教育转型乃至成长

① 马建欣：《论中国优秀传统文化的家庭德育》，《甘肃社会科学》2017年第3期。

为社稷栋梁的全部历程："八岁入小学，学六甲五方书计之事，始知室家长幼之节；十五入大学，学先圣礼乐，而知朝廷君臣之礼。"秦汉时期的政治大一统局面为学校的兴起和昌盛提供了良好的环境。儒学受到独尊后，教育机构的设立、管理和运转日益规范化。汉武帝元朔年间于长安城设立太学，为当时的最高学府，太学博士多为社会名流，具有较高的学术水平，太学设立的本质就是为了统一思想，使具有独尊地位的儒学服从统一的政治原则，发挥指导思想的作用。[①]此外，汉武帝时期确立的察举制成为朝廷选拔官员的重要途径，其中孝廉、茂才科尤其重视对修为品德的考察，脱颖而出者便可就此步入士林，居庙堂之上。这种制度上的保障，自然激发了学校的兴盛以及天下之人对思想道德教育的充分重视。东汉时期的察举选士盛况犹胜西汉。班固称其时"学校如林，庠序盈门"，可见当时学校教育之发达。魏晋南北朝时期以九品中正制取士，将德治修养作为官员选拔升降的主要依据，这种转变进一步强化了社会对于思想道德教育的重视，促进了思想道德教育的昌盛。隋唐以后，随着科举制度的出现和稳定，以科举取士成为千余年不变之制，学校制度自此以后尤为完备，学校也继家庭之后，成为又一个实施思想道德教育的重要载体。

再次，社会教育与评价为儒家立德与树人理念提供了最有力的现实支撑。古人早就意识到，社会舆论、社会风气对于民众的行为选择具有重要的影响甚至发挥着引领作用。青少年个体世界观的形成，除了受家庭和学校教育影响之外，源自社会的思想道德教育也是一

---

① 王凌皓：《汉代太学如何培养治国安邦之才》，《人民论坛》2018年第21期。

传统儒家的立德与树人理念的实践路径

家庭教育 是 重要平台

学校教育 是 重要传播载体

社会教育与评价 提供了 最有力的现实支撑

个重要的辅助与补充手段。孔子将社会和家庭作为终极判断价值，开创了社会本位的德育哲学，成为中国延续至今的社会主体德育哲学。[①]《战国策·宋卫策》载："君曰：'治无小，乱无大，教化喻于民，三百之城，足以为治；民无廉耻，虽有十左氏，将何以用之！'"至汉代，随着四海清平，儒学兴盛，社会实施思想道德教育的方式也日益多元与丰富。汉代在乡里设"三老"，作为最基层的属吏，肩负教化乡民，整顿风气之责，可以视为中央政府在思想道德教育上对于社会力量的整合与运用。《汉书·文帝纪》："孝悌，天下之大顺也；力田，为生之本也；三老，众民之师也；廉吏，民之表也。"《后汉书·百官志》中关于"三老掌教化"的诠释是："凡有孝子顺孙，贞女义妇，让财救患，及学士为民法式者，皆扁表其门，以兴善行。"这些皆是汉朝政府借用社会力量在基层实施思想道德教育的重要举措。总的来说，在中国封建时代，统治阶层往往不遗余力地表彰社会中的道德榜样，以此作为价值引领，激发包括青少年儿童在内的群体成员的崇德向善之心，用以建构、完善和丰富青少年思想道德教育体系。

中国传统文化的特色从一开始就表现出道德性，而这又成为人们产生道德情感和道德敬畏的前提性条件。在中国传统文化语境下，人们对道德文化的敬仰逐渐由无知型的信仰方式转化为道德慎独的方式，这种转变即是中国古代道德规范内化为人们的道德品质的现实表现。[②]封建时代，中国儒家立德与树人理念的探索取得了巨大的成就，影响深远，其中诸多要义精髓时至今日仍有积极意义与参考

---

① 冉亚辉：《孔子儒学对中国德育思维领域的历史影响》，《理论月刊》2018年第6期。

② 陈力祥：《中国古代社会道德践行机制及其当代价值探析》，《道德与文明》2010年第1期。

价值，传统儒家的立德与树人理念也因此成为新时代立德树人理念最重要的理论来源之一。

三、传统儒家立德与树人理念的特征

中国封建时代绵延两千余年，儒家之学与统治模式经久不衰、始终如一，传统思想道德教育的卓著功效不容忽视。对我国古代青少年思想道德教育机制进行认真的梳理和分析后，我们可以发现它具有如下几个特点：

第一，注重启蒙教育。早在商周之际，古人已经具备胎教的理念，这是对社会成员思想道德启蒙教育的开始。《列女传》载："古有妇人妊子，寝不侧，坐不边，立不跸，不食邪味，割不正不食，席不正不坐，目不视邪色，耳不听淫声，夜则令瞽诵诗道正事；如此则生子形容端正，才过人矣。"社会个体出生之前的德育已经得到如此重视，则其出生以后，在其成长与认识世界的过程中，思想道德教育的启蒙自会得到超乎寻常的重视，并进而形成了中国古代社会高度发达的蒙学文化。所谓蒙学，是指中国古代对儿童实施的有目的、有计划、有组织的启蒙教育或普通基础教育。[①] 其实质是向初生的幼儿及成长中的青少年传递封建社会的伦理道德，使其自然而然在主流思想的影响下建立自己的世界观与人生观，最终成长为对社会道德观念高度认同的社会成员。宋朝朱熹在《<四书集注·大学章句>序》中指出："人生八岁，则自王公以下，至于庶人之子弟，皆入小学，而教之以洒扫、应对、进退之节，礼、乐、射、御、书、数之文。"他撰写《小学》作为

① 陈学恂：《中国教育史研究》第五卷，华东师范大学出版社2009年版，第156页。

教材，希望幼儿习之，能够“习与智长，化与心成”。朱熹又称：“及其十有五年，则自天子之元子、众子，以至公卿大夫元士之适子，与凡民之俊秀，皆入大学。”大学是小学的延续与深化，这一时期的青少年即将完成家庭和学校的德育教育，走进社会，接受社会的洗礼与再教育。从家庭走向学校，就是思想道德教育启蒙的关键阶段，而成功的启蒙思想会具有持续的影响力，社会成员最终走过的成长之路就是在早期启蒙思想的指引下一步步铸就走过的。

第二，注重多管齐下，推进思想道德教育机制的体系化。中国封建时代绵延两千余年，以儒家思想为中心的传统政治制度始终作为统治阶级的唯一选择，主宰控制着中国传统社会。这一文化和政治制度的稳固性，就是源自传统文化氛围下社会成员对这一理论体系的普遍性高度认可。统治集团对于治下之民，通过自上而下的思想浸润和理念灌输，使其高度认可现行的统治思想与政治制度。而这种世界观形成的最重要阶段，毋庸置疑是人的幼儿及少年阶段，因此中国古代统治集团中的思想家们，往往会努力地协调各方，通过多管齐下的方式，来推进青少年思想道德教育的实施。也可以说，中国传统伦理形态的德育具有集道德教育、政治教育和思想教育于一体的架构。[①] 如前文所述，经过长时间的发展积淀，中国古代传统思想道德教育逐渐形成了家庭教育、学校教育与社会教育三位一体的多元实施载体模式。这种思想道德教育载体多元化的重要性又为统治者所认知,因此历朝历代的统治者无不以创建、完善体系化的思想道德教育机制为最高追求。因此，中国传统的青少年思想道德教育机制表现出明显的体系化、系统化特征。随着儒家思想统

---

① 徐春喜、郭凤志：《中国传统伦理型德育思想的价值转换与创新》，《思想理论教育》2006年第1期。

治地位的确立，儒家著作经典化，家庭教育、学校教育均以彰显孔孟之道的理念主张为主，整个社会在儒家思想的感召下，共同形成强大的思想道德教育力量，保障传统社会健康有序地代谢与更迭。

第三，注重言传身教、以身作则的德育原则。如前所述，在中国传统教育中，思想道德教育环节具有核心地位，思想道德教育与普遍意义上的教育互相融合，几成一体。《说文解字》有云："教，上所施，下所效也。"意即在教育之道中施教者的垂范作用至为重要，在思想道德教育中自然也尤其如此。因此，中国自古以来就高度强调言传身教的重要性。《管子·侈靡》有云："人所生往，教之始也，身必备之。辟之若秋云之始见，贤者不肖者化焉。"《论语·子路》载："子曰：其身正，不令而行；其身不正，虽令不从。"凡此种种，都在强调，身为人师，除了常规的教育手段，尤其重要的是要注重言传身教，以身垂范，这样才能实现最好的教育效果。比之知识教育，境界更高一层的思想道德教育尤其如此。

第四，重视环境熏陶与习惯养成。成长环境对于青少年与儿童的巨大影响向来为中国古人所重视，良好的成长环境和习惯养成无疑可以极大地提升思想道德教育的效果与效率。反之，则可能引发青少年成长过程中的困惑，甚至使其偏离正途。孔子有云："与善人居，如入芝兰之室，久而不闻其香，则与之化之矣；与恶人居，如入鲍鱼之肆，久而不闻其臭，亦与之化之矣。"此话明确说明了成长环境的重要性。青少年与儿童的世界观尚未形成，而世界观的建立过程是一个极其重要又全然不可逆的进程。为了保证德育教育的有效性，身为父母，择邻必看重风俗仁厚之地，否则便非明智之举，直接影响子女的成长与发展。久为人所传诵乐道的孟母三迁故事，就是这种精深理念的现实回响，同时也是这一理念的发展和延伸。为历代士人津津乐道的这一先贤典故，反衬出对成长环境重视的古今一致性。

传统儒家立德与树人理念的特征

第二节

西方美谈：知识即美德

从小养成这样的习惯还是那样的习惯绝不是小事。正相反，它非常重要，或宁可说，它最重要。

——亚里士多德

作为人类文明的重要分支，西方文明为人类发展做出的贡献毋庸置疑。近代以来，随着文艺复兴和工业革命的到来，西方文明逐渐步入世界舞台的中央，成为现代科技与思想的引领者。西方文化也开始以不可阻挡之势在全球范围内持续发挥着巨大的影响力。作为西方文化的重要组成部分，西方思想道德教育几乎与西方文明的历史相伴始终，并为人类现代思想道德教育理念的建构与完善提供了极其宝贵的资源。西方思想道德教育理念源远流长，从古希腊时期、古罗马时期直至近代的西方哲学家，无一不在致力于思想道德教育的思考，他们把思想道德教育作为一个深刻的哲学问题来探讨，从而极大地推进了现代思想道德教育的理论范畴，重新确立了现代理论的构架。西方思想道德教育范式的确立过程，实质上就是西方文化语境下立德与树人的发展过程。近代中国完成现代化的进程，就是以对西方文化的学习效仿为起点的。可以说，在中华人民共和国成立以来我们党对立德与树人理念的探索中，西方思想道德教育的历史渊源和理念内涵是不可或缺的资源，为我们党认识、理解科学化的立德与树人理念提供了不同的视野和角度。

一、西方传统文化中的立德与树人理念

作为古希腊最负盛名的哲学家和教育家，苏格拉底对西方文明发展产生了举足轻重的影响。作为西方哲学的缔造者之一，他堪称西方社会最早深入思考立德与树人问题的代表性人物。苏格拉底出生之时，正是伯利克里主政下的雅典黄金时代。伯利克里对文化和教育的重视，超过此前雅典的历代领袖，其为居民发放观剧津贴的典故向来被传为美谈。正是这样独特的文化教育氛围，才能孕育出苏格拉底等伟大的思想家及相关思想。不过苏格拉底一生适逢雅典城

邦由盛转衰的时代，亲身经历的时代巨变引发了希腊人深刻的哲学思考。苏格拉底是无数挽救雅典大厦将倾的尝试者之一，他坚定不移地认为,在危机面前,唯有匡正道德才有实现这一政治理想的可能。他的这一思想倾向，不仅开启了西方的哲学盛世，也开创了西方思想道德教育的理论体系，西方立德与树人的思想亦皆由此处发端。

苏格拉底提出了“智慧即道德”“美德即知识”“无知即罪恶”等一系列命题，开启了关于道德的思考。苏格拉底认为，唯有学习方可获得美德，这对于传统观念而言是一个巨大的理念创新。在此之前，当时的希腊社会存在这样一种传统观念：贵族是道德最好的人。换言之，苏格拉底的理论价值在于打破了传统的美德血统论，改变了传统认知中贵族对于道德的垄断，也就是说，在古希腊之前的文化传统中，德为天生，不存在“立”的问题，而苏格拉底则改变了这一状况。苏格拉底说：“正义和一切其他德行都是智慧。因为正义的事和一切道德的行为都是美而好的；凡认识这些事的人决不会愿意选择别的事情；凡不认识这些事的人也决不可能将它们付诸实践；即使他们试着去做，也是要失败的。所以，智慧的人总是做美而好的事情，愚昧的人则不可能做美而好的事，即使他们试着去做，也是要失败的。既然正义的事和其他美而好的事都是道德的行为，很显然，正义的事和其他一切道德的行为，就都是智慧。”①他呼吁人要勇于认识自己，要努力通过积极的学习来认识和拥有道德，这其实就是一个完整的立德与树人的过程。

柏拉图继承了苏格拉底的“知识即道德”理论，进一步推进对立德与树人理念的探索。柏拉图认为，社会中的成员存在个体差异，

---

① [古希腊]色诺芬：《回忆苏格拉底》，吴永泉译，商务印书馆1986年版，第117页。

个人成长应当与其个性特征结合起来。《理想国》中这样表述这一观点："每个人必须在国家里执行一种最适合他天性的职务。"① 不过柏拉图的局限在于他把国家公民划分为金、银、铜铁三个等级，分别对应国家中的统治者、辅助者、农民和手艺人三个群体。三个等级之间的基因天赋世代传承，极难实现等级之间的跨越。按照柏拉图的观念，实施德育的重要目标就是建立一种正义：三个不同等级的群体均具有美德，做好分内之事，且能和谐相处。这种国家的正义，其实质也是一种德，不过与苏格拉底借助德的概念来打破贵族对道德的垄断相比，柏拉图所立之德和所树之人都是为了维护既有社会秩序，显得消极且保守。

亚里士多德是柏拉图的弟子，也是古希腊三大哲学家中的最后一位。他提出："吾爱吾师甚于一切，但吾爱真理尤甚于吾师。"他认为："人们通过三种途径成为善良贤明之人。这三种途径是本性、习惯和理性。"② 亚里士多德的《尼各马可伦理学》一书是其最为重要的代表性著作之一，书中把目的论作为德性伦理的逻辑起点，并提出"人的德性就是既使得一个人好又使得他出色地完成他的活动的品质"③，而"德性的报偿或结局必定是最好的，必定是某种神圣的福祉"④。亚里士多德认为，伦理德性可以通过习惯性的行为实践达成，理智德性则有着明显不同，唯有通过教育方可获得。道德教育

① [古希腊]柏拉图：《理想国》，郭斌和、张竹明译，商务印书馆1986年版，第154页。

② [古希腊]亚里士多德：《政治学》，颜一、秦典华译，中国人民大学出版社2003年版，第254页。

③ [古希腊]亚里士多德：《尼各马可伦理学》，廖申白译，商务印书馆2003年版，第45页。

④ [古希腊]亚里士多德：《尼各马可伦理学》，廖申白译，商务印书馆2003年版，第25页。

的核心是对灵魂进行合乎德性的教育，应坚持理性指导，关注人的需要和欲望。德性的形成是一个长期的过程，与人们的生活环境和现实活动息息相关。因此“从小养成这样的习惯还是那样的习惯绝不是小事。正相反，它非常重要，或宁可说，它最重要”①。

亚里士多德的这一理论，经过阐释与发展，逐渐成为了现代西方的立德与树人理念。卢梭提出“因龄施教”理论，强调尊重儿童的天性，推崇在儿童成长中的自由成长，并提出情感重于理智的观点。总的来说，卢梭的德育观念可以归纳为从培养“自然人”转变到培养“道德公民”。康德推动了这一领域的继续前进，认为“教育必须带有强制性，但绝对不能是奴役性的”②。在实施立德与树人的过程中，康德认为个体应该从儿童期就开始接触并分辨好与坏的概念，让其认识到道德是崇高的、神圣的，理应自觉遵守。换言之，康德道德教育的终极目的就是使人从他律到自律地遵守道德规范，从而达至人性的完善。③ 进入19世纪以后，赫伯特·斯宾塞出版了《教育论》一书，开创了德育理念的新纪元。斯宾塞把教育明确划分为智育、德育及体育三个部分，并认为，道德教育的目的是使受教育者最终成长为一个可以自治的人。而且斯宾塞旗帜鲜明地反对卢梭不区分儿童年龄而采用“后果教育”的理念，这体现了一种进步性。《教育论》因此成为近代科学知识体系与科学教育发展史上具有标志性意义的一部重要著作。作为著名的实用主义教育大师，杜威引领了新的时代。他认

① [古希腊]亚里士多德：《尼各马可伦理学》，廖申白译，商务印书馆2003年版，第37页。
② [德]康德：《论教育学》，赵鹏等译，上海世纪出版集团2005年版，第29页。
③ 刘同舫：《康德道德观及其对现实道德教育困境的开解》，《教育研究》2014年第4期。

为学校的道德教育主要是培养良好公民以及生活的积极参与者，“学校即社会”，这其实强调了立德与树人工作的普遍性。从古至今，西方的思想家们从未停止关于立德与树人的思考和探索，他们以哲学家的视野，从理论层面剖析道德的本质和内涵，在此基础上逐渐形成了现代思想道德教育思想，并深刻地影响着整个人类社会立德与树人理念的形成和发展。

二、西方文化中立德与树人理念的特征

近代以来，西方世界在科技和社会科学方面成为人类社会的引领者，西方立德与树人理念对于当代思想道德教育体系的建构产生了重要影响。因此，要全面理解立德树人理念，必须宏观把握西方文化中立德与树人理念的特征：

第一，强调以培养公民意识为根本目的。

作为西方文明的初始阶段，古希腊的德育思想对后世的影响至为深远。“公民”的概念最早源于古希腊。亚里士多德如是定义“公民”：“单纯意义上的公民，就是参与法庭审判和行政统治的人，除此之外没有任何其他要求。”[①] 不过，毋庸置疑，公民所具有的一切政治权利均应建立在对组成国家贡献的基础上。由此可见，公民是国家成员的组成部分，一方面，相对于国家的其他成员，公民也要承担与其身份相对应的义务。古希腊时代，只有出生在城邦的男性才有可能获取公民资格，妇女、儿童、奴隶以及外邦之人均不属于公民的范畴。古希腊的公民均生活富足，有足够的精力和热情参与公共事务的管理。

① [古希腊]亚里士多德：《政治学》，颜一、秦典华译，中国人民大学出版社2003年版，第72页。

除此之外，公民的意义仅限于城邦之内，离开城邦，公民便失去意义。因此，古希腊的思想道德教育处处彰显出对城邦人民公民意识的培养，让公民自幼建立起对城邦的忠诚，对国家大事的关注，而这种自主性的培养方式，也是古希腊树人理念重要而独有的特征。

亚里士多德认为：“人的本性谋求的不仅是能够胜任劳作，而且是能够安然享有闲暇。这里我们需要再次强调，闲是全部人生的唯一本原。假如两者都是必需的，那么闲暇也比劳作更为可取，并不是后者的目的，于是需要思考闲暇时人们应该做什么。”[①] 对于古希腊公民而言，闲暇时光无比重要，而且意义重大。正是因为有闲暇时光，他们才能在进行庆典、聚会、运动、观剧等一系列活动的同时，完成自身以及对青少年的思想道德教育和人格培养。

罗马时代几乎全面延续了古希腊时代建立的立德与树人理念，在青少年的成长中强调公民意识的建立和培养。中世纪以后，欧洲进入基督教统治的黑暗时代。在这样的时代背景下，宗教的原则成为社会奉行的最高原则，公民意识让位于宗教意识，此时的人才培养表现为简单粗暴的垄断与灌输。直至文艺复兴时代的到来，诸如独立、平等、自由等观念才开始回归现实并被再度强化。

启蒙运动开始后，资产阶级登上欧洲舞台的中央，并带来了天赋人权、人生而平等的理论学说，立德与树人的思想也开始回归到强调公民意识的轨道上来。尤其重要的是，古希腊时代公民仅为全体社会成员中的小部分的历史就此终结，在新的时代语境下，文明社会的所有成员均在法律的保护下享有作为公民的全部义务与职责，

---

① [古希腊]亚里士多德：《政治学》，颜一、秦典华译，中国人民大学出版社2003年版，第269页。

这也就意味着立德与树人理念的普遍化。从此以后，公民意识依然是西方立德与树人思想的核心理念，其古今之别在于，随着公民概念的扩大化，立德与树人的对象也随之转换为社会的所有公民。

第二，具有崇尚智慧的显著特征。

中国传统儒家的立德与树人思想往往崇拜圣人之行，处处彰显出道德的重要性，以道德原则作为文明世界的最高原则。相比之下，西方的立德与树人理念则表现出截然不同的特点，即对智慧与知识的极度崇尚。西方世界对于知识的崇尚由来已久。追根溯源，苏格拉底堪称这一观念的开创者。他提出“美德即知识”，这一论断也成为苏格拉底道德哲学的核心要义。苏格拉底认定美德是知识，此处的知识并不仅限于自然与社会知识，而是人对于美德的准确把握，包含了人的一切优秀品质。知识是美德的基础，又贯穿于一切美德之中。换言之，美德与知识是相互依存的，无知者并不会真正地拥有美德。不过，苏格拉底同时认为世上并无美德教师，但这又与知识是可以传授的这一观念相背离。苏格拉底就此问题与普罗泰戈拉、美诺展开了激烈的哲学论辩，这一过程被柏拉图记载在《普罗泰戈拉篇》与《美诺篇》之中并流传后世。苏格拉底认为，诸如智慧、正义、勇敢等诸种美德皆无法离开知识而独立存在。对此，我们可以这样理解，苏格拉底认为，哲学的目的就在于帮助人认识到永恒的道德观念，生而为人的首要任务是认识自己，这其实是指明了人要认识到自己的无知，通过努力学习来改变无知的现状，从而拥有美德。也就是说，美德与智慧在苏格拉底的哲学世界中实现了完全统一。苏格拉底将提高个体的道德认知、获得道德知识与拥有道德等同起来，开创了道德教育中理性研究的范式，拉开了西方学校德育强调知识和理性的帷幕。[①] 对此，黑格尔认为："因此在古代哲学史中，苏格拉底的突出贡献，就是他建立了一个新的概念，亦即他把伦理学加进了哲学，而过去哲学只是考察自然的。"[②] 可以说，苏格拉底为西方世界的立德与树人奠定了崇尚知识与智慧的基本理念，自苏格拉底开始，哲学的研究对象开始由自然世界逐渐转变为人类的知识与道德。此后，这种理念经柏拉图、亚里士多德等人的发展扬弃而日渐完备。尽管在中世纪时期哲学的研究再度让位于宗教原则，但是文艺复兴以后，对于科学、智慧的向往和崇拜再度成为西方社会立德与树人理念的主流精神。培根提出"知识就是力量"这样的至理名言，深刻地影响着人类世界。培根认为："除了知识同学问而外，尘世上再没有别的权力，可以在人的心灵同灵魂内，在他们的认识内、想象内、信仰内，建立起王位来。"[③] 培根的论断吹响了开启欧洲社会科学理性精神磅礴复兴的号角。此后轰轰烈烈的工业革命，也成为人们对知识和智慧崇敬之情的现实回响，整个人类社会因知识而进步和改变。

第三，高度关注人的个性。

普罗泰戈拉指出："人是万物的尺度，是存在的事物存在的尺度，也是不存在的事物不存在的尺度。"[④] 他给人以高度的评价和地位，以人作为评判世间万事万物的标准，其实就表明了强烈的尊重人的个性的哲学意蕴。苏格拉底提出著名的"人啊，要认识你自己"的论断，言外之意，认识人的自身是比认识世界更重要、更基础的工作，

---

① 冯永刚：《西方学校德育的基本特征及其变革趋向》，《外国教育研究》2012年第5期。

② [德]黑格尔：《哲学史讲演录》第二卷，贺麟、王太庆译，商务印书馆1960年版，第42页。

③ [英]培根：《论学术的进展》，关琪垌译，商务印书馆1938年版，第58页。

④ 北京大学哲学系编译：《古希腊罗马哲学》，商务印书馆1961年版，第133页。

西方文化中立德与树人理念的特征
1
强调以培养公民意识为根本目的
2
具有崇尚智慧的显著特征
3
高度关注人的个性
SCHOOL BUS
Mathematics
Language

此中的深意在于一个人只有充分地认知自己的个性，才具有认识和改造世界的基础和可能，这就给树人提供了更广阔的理论空间。

前文已述，柏拉图在《理想国》中根据人的质料，把城邦内的公民分成三个阶层，他认为每一阶层的人各司其职，便实现了最高的正义。以今天的眼光来看，柏拉图以出生来定血统等级的思想，自有其局限性。不过，这种观点的进步性在于从另外一个角度认可了人与人个体差异的客观存在。亚里士多德曾经说过："人是政治动物，当完美时，人是最好的动物，但一旦无正义，则变成最坏的动物。"① 总的来说，古希腊时代，宇宙是哲学家思考的主要对象，相比之下，对于人的关注要让位于宇宙。不过这几位先哲关于人的个性的思考，无疑为后世西方的立德与树人理念对人的个性的关注奠定了理论基础。

古希腊、古罗马时代一脉传承的思想与探索，经历了中世纪的黑暗后戛然而止，并于文艺复兴后重新焕发了生机。文艺复兴于发现外部世界之外，由于它首先认识和提示了丰满的完整的人性而取得了一项尤为伟大的成就。② 文艺复兴引领了著名的人文主义运动，人文主义者主张以人为中心，提倡个性解放，把对人性的重视提高到新的高度。此后的思想家们，如笛卡尔"我思故我在"，康德高举"人是目的"的大旗，充分表现出对人的尊严的重视，为此后西方现代哲学关于个性解放的思索奠定了坚实的基础。最终，尊重个性的理念，也成为西方现代社会立德与树人理念的重要特征。

---

① [古希腊]亚里士多德：《政治学》，颜一、秦典华译，中国人民大学出版社2003年版，第4页。

② [瑞士]雅各布·布克哈特：《意大利文艺复兴时期的文化》，何新译，商务印书馆1979年版，第302页。

三、当代西方实践中的立德与树人理念

在当代西方社会，立德与树人理念在中小学思想道德教育中有着诸多体现，对我国中小学思想道德教育的开展具有借鉴和启发意义。大致来说，当代西方中小学思想道德教育有如下几个特征值得注意。

首先，高度重视公民教育。当代西方国家，均对中小学生的公民教育高度重视，公民教育作为一种终身教育贯穿于社会成员教育经历的始终，这也是当代西方社会践行立德与树人理念的基本方式。当代西方终身德育理论强调因阶段不同而对人实施不同的教育，注重社会环境对人的道德教育的影响，确定幸福作为终身德育的最终目标。[①] 与成人相比，中小学生接受的公民教育是其所接受的思想道德教育的起点，故其受重视程度又比成人有所加强。作为当代西方世界的标杆，美国的公民教育高度发达。早在 19 世纪 30 年代，托克维尔就在《论美国的民主》中如是评价美国社会的公民教育："全体美国人民的知识水平处于最高者和最低者之间。在新英格兰，每个公民都受过初等教育，而且在这种教育中他们还学到了宗教方面的若干知识和论据。他们了解本国的历史，知道本国宪法的要点。……对这些事情一无所知的人，简直可以说是怪物。"[②]1994 年，美国国会正式通过新的全国教育改革法案——《2000 年目标：美国教育法》，该法案对于中小学公民教育做了明确规定："到 2000 年，所有 4 年级、8 年级和 12 年级毕业的学生，应该在英语、数学、科学、外

① 刘爱玲：《现代西方终身德育三种理论模式及其特征分析——基于社会建构主义的视角》，《教育理论与实践》2016年第25期。

② [法]托克维尔：《论美国的民主》，董果良译，商务印书馆1988年版，第350—351页。

语、公民与政府等学科中具备经过证明的能力，以确保他们能够……为成为负责任的公民……做好准备。”历史更为悠久的欧洲也是如此。1998 年，英国政府在《科瑞克报告》中明确提出要加强国内公民的全球意识和对世界的关注。2000 年 9 月，英国颁布的新公民教育课程更是明确要求学生关注当今世界，让他们明白在当前的世界形势下承担起作为公民的义务和职责的重要性。同在 2000 年，英国政府把公民教育正式引入国家课程体系，表明其对公民教育的高度重视。可以说，当代西方社会公民课程的开设，使得中小学生更真切地感受到作为社会成员的自豪感和责任感，让他们能够以无畏的勇气面对社会的发展与挑战，进而为整个社会的发展注入生机与活力。

其次，注重宗教教育。时至今日，宗教文化依然在世界上发挥着巨大的影响力。在西方现代国家的发展过程中，部分国家把宗教内容从学校的教育中剥离出来。不过，受历史、文化等多方面因素的影响，在部分国家，宗教教育仍然在国家课程体系中占据重要地位，并在中小学立德与树人过程中承担着重要职责。作为基督教文化较为发达的欧洲传统国家，英国在现代化的过程中，逐渐形成了独特的文化内涵和历史传统，英国的中小学思想道德教育始终未能完全脱离宗教文化的影响，而是一直努力在世俗与宗教之间谋求平衡。英国政府在制定中小学教学大纲时，会参考基督教、伊斯兰教等宗教原则，注重把宗教教育融入学校的教育之中，宗教教育也因此成为中小学立德与树人理念践行的重要媒介和载体。2004 年 10 月，英国政府颁布了中小学宗教教育法定大纲，这是英国首个具有全国性质的法定大纲，这份大纲明确表明支持学校提供高质量宗教教育的立场。2007 年 9 月，英国基督教、印度教、伊斯兰教等宗教学校共同发布关于 21 世纪英格兰学校共同理想与宗教性质的联合声明，提出

“要进一步确认政府、宗教群体和学校之间的承诺，继续携手合作，以改善学生的生活，建立沟通的桥梁，以更大的相互信任和相互理解为建立更加公正和有凝聚力的社会做出贡献”。与英国等国家不同，美国、法国等国则努力把宗教教育从公立学校的教育体系中剥离出来，明确规定在公立学校不得开展宗教教育，不过学生可在特定的时间到教堂接受宗教教育。相比较而言，私立学校的宗教教育则不受限制。从其教育规定可知，尽管政府层面的教育与宗教教育相背离，但是宗教依然在整个社会的教育尤其是思想道德教育体系中发挥着极其重要的作用。总的来说，随着社会发展和科技进步，宗教对于西方社会的影响方式也在悄然改变。尽管中世纪时的宗教权威已经经历了世俗化的洗礼，但是宗教依然在西方人的精神生活中保留着巨大的影响力，影响着公民人生观、世界观和价值观的建构。在当代西方社会的语境下，借助宗教的力量来实施立德与树人，无疑可以增强道德约束力，有助于中小学生良好品德的养成。

最后，注重多方力量的整合。在当代西方社会，思想道德教育的实施自然以学校为主要阵地，不过考虑到青少年成长的特殊性，西方国家也一直致力于吸纳与整合多方力量，通过学校教育与其他社会教育资源所形成的合力，来推动中小学生思想道德教育的贯彻实施。理查德·哈什等人在《道德教育模式》一书中指出：“也许对道德行为更加强大的约束力是学校的规章制度。……这些高效率的传统的道德教育模式在19世纪后半世纪，在学校中已经经受住了严峻的考验。尽管如此，现在这些方法还是有了明显的改变。……社会正变得更加多元，更加世俗化，更加反复无常。孩子们在家庭中学到的

当代西方中小学思想道德教育的特征

价值观将会受到强化，而学校中所教导的价值观不再能得到保证。”[①] 这其实反映出在西方现代德育体系下，仅仅依靠学校教育来对青少年实施思想道德教育已经变得极为困难，甚至事倍功半。与其把如此艰巨的任务完全交付学校，不如把学校之外的社会力量转化为教育的力量，从而形成一条多元统一的青少年思想道德教育战线。事实上，西方国家对于学校以外的教育力量历来重视。总的来说，西方世界的德育多以培养学生的爱国精神、民族精神为主要目标，让学生保持自己的民族性与个性，使其成长为具有时代特色的世界公民，从而更好地适应和融入世界[②]。考虑到中小学生的成长特点，西方国家的思想道德教育必然以灵活多样、随时随地等特点全面开展实施，努力寻找全方位的渗透，突出寓教于生活的特点，使青少年在学校生活、家庭生活、宗教生活以及社会生活中受到潜移默化的影响。对诸方力量的深度整合，也成为当代西方思想道德教育的重要特征之一。

---

① [美]理查德·哈什、约翰·米勒、格林·菲尔丁：《道德教育模式》，傅维利、王念泉等译，学术期刊出版社1989年版，第19页。

② 王兆璟、张翠：《论多元文化时代的西方国家德育》，《西北师大学报（社会科学版）》2011年第6期。

第二章 \ Chapter 2

立德树人：

转型中国与马克思主义

第一节

救亡图存：从固守名常纲教到注重个体成长

注重道德教育，以实利教育、军国民教育辅之，更以美感教育完成其道德。

——中华民国教育部

以1840年鸦片战争为标志，中国作为“天朝上国”的历史宣告结束。在西方列强坚船利炮的攻击下，由儒家思想统治上千年的古老中国被迫开始面对多元世界的冲击，传统文化亦不得不面临西方文化和新文化的思潮侵袭。西方列强的入侵，在晚清时期造就了三千年未有之变局。国人目睹了山河之变与西方现代科技显现出来的强大力量，于是学者和思想家们开始逐渐反思中西文化的差异，并由此引发了广泛而深刻的文化自省。传统儒家文化的没落与现代文化的转型随着新文化运动的兴起，成为了一种必然趋势。在这种文化变局下，以儒家精神为内核的立德与树人理念及其践行模式面临着巨大冲击，经历着前所未有的动荡。总的来说，这一阶段是中国文化融入世界文化大格局的开始，中西文化之争所经历的阵痛也在立德与树人理念的变革与重构中得到了集中体现。

中国传统文化的自信乃至自傲，与中国传统文化的历史存在直接的因果关系。毛泽东指出：“一定的文化是一定社会的政治和经济在观念形态上的反映。”①直到近代以前，以农耕文明为主要特征的中华文明一直立足于“天下”这一广阔舞台的中央，具有文化上的先天优势，它基于中央视角辐射四方，且严守华夷之辨。纵然秦汉以降，中原王朝先后经历过五胡乱华、金人灭宋、元人统一以及清军入关等时代巨变，但多限于军事与政治范畴，文化层面也面临过佛教南来的文化“入侵”，但是从最后的结果来看，少数民族的军事强权和文化力量均被强大的中华文化化于无形，最终融入了华夏文明。历代王朝的兴衰起落印证了中华传统文化强大的同化力和旺盛的生命力。不过这种文化优越心理也在一定程度上导致了近代以来中西文明的

① 《毛泽东选集》第二卷，人民出版社1991年版，第694页。

巨大差距。1793年，英国马嘎尔尼使团来华，双方就谒见乾隆皇帝时是否应行跪拜大礼而产生“礼仪之争”。此时的西方，正在经历第一次工业革命带来的一系列技术革命，进入了快速发展的轨道，而中国犹然隔绝于世界之外，故步自封。由这种争议可知中国数十年后的山河之异已然伏笔于此。

鸦片战争爆发以后，中国在与世界列强的争斗中屡屡落败，中华文化经历的挫折和打击与此前历次相比更加深重。由此近代国人开始认识到中国传统文化与西方现代科技之间的巨大差距，优越感荡然无存，因而对于中国传统文化的质疑开始以一种极端的方式日益兴起。梁启超曾说：“近五十年来，中国人渐渐知道自己的不足了。……第一期，先从器物上感觉不足……于是福建船政学堂、上海制造局等渐次设立起来。……第二期，是从制度上感觉不足，所以拿变法维新做一面大旗，在社会上开始活动。第三期，便是从文化上感觉不足……革命成功将近十年，所希望的件件落空，渐渐有点废然思反，感觉社会文化是整套的，要拿旧心理运用新制度，决计不可能，渐渐要求全人格的觉醒。”① 甚至许多学人认为，中国传统文化已经完全不适应于当今时代，应该于此时完全摒弃，以大破大立的心境在西方现代文明的基础上重建中国文化。对此，李泽厚先生指出：在新文化运动时期，启蒙与救亡相互促进，“以启蒙为目标、以批判传统为特色的新文化运动，在适当条件下，遇上批判旧政权的政治运动时，两者便一拍即合，彼此支援，而造成浩大的声势”②。在这样的文化思潮与社会舆论下，中国传统文化的衰微自然无可避免，以儒家思想为核心

---

① 梁启超：《五十年中国进化概论》，中华书局1922年版，第2页。

② 李泽厚：《中国现代思想史论》，天津社会科学院出版社2003年版，第7页。

建构起来的道德伦理也随着文化语境的转化而逐渐没落。与此相对应的是,传统的立德与树人理念日渐衰微瓦解,在西学东渐的新时期,近代中国经历了立德与树人理念的重生与再造,符合现代教育理念的中小学思想道德教育体系也逐渐完成了初步建构。

一、近代文化转型中的立德与树人理念

中西方的文化交流古已有之,但是在封建时代的鼎盛时期,以儒家思想为中心的中华文化领先于世界,其影响力辐射东亚,而外来文化则罕有能撼动中华文化垄断地位的。1840 年以后,西方文化对中华文化的影响非常显著。在西方文化东渐的过程中,随着中国对于西来文化的认知日渐深刻,其对中国文化的影响也日益加深。中华文化最终于近代迎来痛苦的转型期。

随着两次鸦片战争的失败,西方列强纷至沓来。在民族危亡之际,国人救亡图存的意识日益强烈。魏源编撰的《海国图志》提出了“师夷之长技以制夷”“以夷制夷”和“以夷款夷”三大主张,但他对西学的认知和学习,是以富国强兵的现实需求为出发点的,很难在心理和思想层面动摇中国传统文化的根基。咸丰年间的洋务运动,以“中学为体,西学为用”为基本指导思想,致力于引进西方先进的装备和技术以实现自强。洋务运动所指的“西学”不是仅限于军事领域,同时包括了现代的理工农医及社会科学类知识体系,如天文、历法等皆在其列。不过清朝政府依然坚持“中学为体”,表明了当时的人们在面临中华文化优势日渐衰微时的犹豫和挣扎。如李鸿章认为:“中国文武制度事事远出西人之上,独火器万不能及。”[①] 他依然认

① 贾桢等:《筹办夷务始末(同治朝)》第二十九卷,中华书局1979年版,第9页。

为中国在文化制度层面占有优势，决定双方胜负的只是器用层面的差距。王韬认为“形而上者中国也，以道胜；形而下者西人也，以器胜”，故主张“器则取诸西国，道则备自当躬”。[①] 薛福成认为：“取西人气数之学，以卫吾尧、舜、禹、汤、文、武、周公之道。”[②] 这样的心态也决定了洋务运动必然无法真正实现强国梦想，惨淡收场不可避免。不过作为现实回报，洋务运动让近代中国更真切地感受到现代科技的魅力，为中国带来首批近代企业，在客观上推动了中国的现代化进程。这种现实收获此后又成为西学东渐进一步深化的媒介和平台。

随着中国在对外战争中的节节败退，中西文化之争的天平逐渐开始向西方倾斜。如亨廷顿所说：“西方赢得世界不是通过其思想、价值或宗教的优越（其他文明中几乎没有多少皈依他们），而是通过它运用有组织的暴力方面的优势。”[③] 在国势日蹙的现实下，中国社会开始在心理上对强大的西方文化心生好奇，乃至于想要效彼之道以图自强。而这种思想的演变，也意味着传统立德与树人理念的动摇，这种动摇亦在政策层面有所体现。

首先是教育模式的转变。清末，在传统社会的私塾教育之外，出现了效仿西方先进理念的新式学校，即以新的教育方法和理念来教育青少年的场所，这也预示着立德与树人实现方式的转变。新式学校在课程设置、教学管理、教材选择以及考评方式等诸多方面，均以现代学校为模仿目标，以新式的方法培养新式人才。1872 年，清廷接受留美归国的容闳的建议，选派 120 名幼童分批赴美留学，成为

① 王韬：《弢园尺牍》，中华书局1959年版，第29—30页。

② 薛福成：《薛福成选集》，上海人民出版社1987年版，第556页。

③ [美]亨廷顿：《文明的冲突与世界秩序的重建》，周琪等译，新华出版社1998年版，第37页。

中国近代官派留学的开端。此时距离第一次鸦片战争结束已逾30年。从此以后，清廷屡有人官派留学，赴海外求学。福建水师和北洋水师分别在中法之战与甲午海战中一败涂地，亡国灭种的威胁迫在眉睫，国人终于逐渐摆脱旧有的心理桎梏，把西方文化视为自存之路。

20世纪初期，是传统儒学与新文化在立德与树人理念上完成权杖交接的时代。1902年，清廷颁布《钦定学堂章程》，这是中国教育史上首个由政府正式分行的学制，史称“壬寅学制”。其中《钦定京师大学堂章程》“全学纲领”称：“中国圣经垂训，以伦常道德为先；外国学堂于知育、体育之外，尤重德育，中外立教本有相同之理。”① 明确提出德、知、体三育，并指明其与中国传统“六艺”之间存在的差异。尽管“壬寅学制”并未能真正施行，但是这次变革却有着超乎寻常的历史意义，教育宗旨从传统“六艺”转而为“德智体”三育意味着传统教育观念的改变，标志着我国正式转向新式教育制度，宗旨表述的改易实为观念与制度双重变革的表征。② 此后，迫于内外舆论的压力，清朝政府将办学校、派留学、改科学作为“国策”，并使之不断走上正规化和制度化轨道。1905年科举制度正式废除，留学成为读书人的首选，留学热潮涌起，成为一时潮流。拥有一千多年历史的科举制的一个主要职能就是为传统儒家的立德与树人理念提供稳定的政策支持，从这个角度来看，科举制的废除意味着新旧立德与树人理念的正式更替。可以说，正是在这样的过程中，近代中国完成了文化的转型，重新建构了立德与树人的思想理论，并开始了新的践行

① 璩鑫圭、唐良炎编：《中国近代教育史资料汇编：学制演变》，上海教育出版社1991年版，第235页。

② 丰巍：《清末民初“德智体”三育传统的生成》，《浙江学刊》2018年第2期。

方式。

二、转型中立德与树人理念的践行特征

中国近代的文化变局，一方面是传统文化的衰落，另一方面是西方文化的东渐。在这样的时代背景下，传统的思想道德教育观念必然会受到前所未有的冲击。由于传统文化这一母体受到批判与否定，以传统文化为立足之本的传统思想道德教育，自然也要面临着前所未有的调整变革。其主要特征体现在以下三方面：

首先是思想道德教育基本观念的改变。中国传统文化语境下的家庭、学校以及社会三位一体的思想道德教育模式，皆以使受教育者遵守封建社会既定的道德准则和秩序为基本要求，以培养受教者忠君、爱国情操为主旨精神。随着西学东渐时代的到来与现代思想在中国的译介和传播，中国传统文化中明显落后于时代、与现代精神相背离的部分被逐渐剥离摒弃。谭嗣同强烈批判儒家的名教纲常，指责“三纲”当为中国文化中虚伪的社会与政治传统重要成因，进而指出以“礼”为基础的传统社会体制必将崩溃。[①] 相比之下，梁启超却对中国理想的道德观念进行了如下想象：“夫言群治者，必曰德、曰智、曰力，然智与力之成就甚易，惟德最难。”[②] 梁启超认为道德分为公德与私德，他提倡在保留儒家精髓的同时，实现民德的创新。正是随着传统文化的没落，中国传统文化视域下的思想道德教育观念、方法与思想均随之而变，由传统的中国模式转向更具普遍性意

---

① 蔡尚思、方行：《谭嗣同全集》（增订本）下册，中华书局1981年版，第54页。

② 陈学恂：《中国近代教育史教学参考资料》（中册），人民教育出版社1987年版，第119—120页。

义的西式新学。近代中国的青少年所接受的思想道德教育，不再以盲目无原则的忠君爱国为最高原则，而是把视野放大到更广阔的社会范畴，从对封建皇帝的忠诚转变为对世界、对社会的关怀。

其次是思想道德教育的规范化。清末民初，随着新式学校的建立，青少年及幼儿思想道德教育的实施主体逐渐由家庭向学校倾斜，并且日渐规范化。1901年，清政府在社会舆论的压力之下推行“新政”，教育成为本次改革的重要内容。此后数年间，科举制被废除，新式学堂迅猛地发展起来。至1912年，全国新式学堂数量达87470所，在读学生接近300万人。[①]1906年3月，清政府提出了五大新的教育宗旨，即“忠君、尊孔、尚公、尚武、尚实”，并强调“忠君”“尊孔”是“中国政教之所固有，而亟宜发明以拒异说者”，“尚公”“尚武”“尚实”是“中国民质之所最缺，而亟宜针砭以图振起者”。[②]由此可知，此时的教育已经逐渐脱离了唯以忠君爱国为主旨的传统模式。1912年，中华民国成立后，小学读经科一律被废除，儒家学说作为官方思想的地位就此完全丧失。1912年2月8日，中华民国南京临时政府教育总长蔡元培发表了《对于教育方针之意见》，在这份《意见》中，蔡元培对清朝政府颁布的教育宗旨进行了严厉批判，指出：“忠君与共和政体不合，尊孔与信教自由相违。”[③]正是在蔡元培等人的呼吁下，是年9月，民国政府教育部公布新的教育宗旨：“注重道德教育，以

① 陈学恂：《中国教育史研究——近代分卷》，海东师范法学出版社2009年版，第27页。

② 陈元晖：《中国近代教育史资料汇编——学制演变》，上海教育出版社1991年版，第543页。

③ 陈元晖：《中国近代教育史资料汇编——学制演变》，上海教育出版社1991年版，第30页。

转型中立德与树人理念的践行特征
思想道德教育
基本观念的改变
思想道德教育
的规范化
淡化了政治色彩，
注重个体的成长与发展
SCHOOL BUS
Mathematics
Language
A
B
C

实利教育、军国民教育辅之，更以美感教育完成其道德。”[1] 所有学堂皆更名为学校。自此以后，小学课程中西学的内容逐渐增加，传统模块日益减少，唯独保留了修身科。直到 1923 年《新学制课程标准纲要》颁布，才将修身科换成了公民科，这也意味着作为青少年思想道德教育核心的儒家思想即将让位于现代理念，近代中国青少年思想道德教育的新时代即将到来。

最后是极大地淡化了政治色彩，从压抑个性转变为注重个体的成长与发展。中国传统的思想道德教育以压抑个性为教育前提，主张受教育者一味地顺从礼制纲常，在这一教育氛围下成长起来的青少年儿童也在日后成为这一主张的继承者。这一点因文化变革而发生了根本性变化。首先，女性受教育的权利得到尊重。19 世纪末至 20 世纪初，女子学堂纷纷成立，尽管这一时期的女性教育仍未摆脱传统文化的影响和制约，却预示着中国女性千百年来在传统教育事业中的弱势地位有望得到改变。其次，新的思想道德教育强调公民概念。陈独秀称："儒者三纲之说，为一切道德政治之大原：……缘此而生金科玉律之道德名词，——曰忠，曰孝，曰节，——皆非推己及人之主人道德，而为以属人之奴隶道德也。人间百行，皆以自我为中心，此而丧失，他何足言？”[2] 随着封建制度的结束，忠君等同于爱国的理念终告终结。尤其进入民国以后，传统思想道德教育语境下诸如“忠君”“尚公”等旧观念开始陆续为“自治”“民主”等新观念所取代。1918 年 10 月召开的第四届全国教育会联合会为一次影响

---

① 陈元晖：《中国近代教育史资料汇编——学制演变》，上海教育出版社，1991年版，第32页。

② 陈独秀：《独秀文存》，安徽人民出版社1987年版，第34—35页。

力巨大的盛会，会上指出：“战后教育除了要注重发展个性、美感教育、体育、职业陶冶，以养成健全之个人外，更要注重公民训练，以养成民主政治的精神，奠定为国家社会服务的基础。”[①] 在上下级之间、父子之间强调个体的平等对话，而非此前所谓的忠孝。换言之，强调公民个体对于文明国家的意义，强调其义务与职责，这是与中国传统思想道德教育的主旨最大的不同之处，也是中国近代思想道德教育的重大突破。

① 邰爽秋：《历届教育会议议案汇编》，教育编译馆1936年版，第9—10页。

第二节

指路明灯：马克思主义的『全人教育』

全面发展的个人——他们的社会关系作为他们自己的共同的关系，也是服从于他们自己的共同的控制的——不是自然的产物，而是历史的产物。

——马克思

十月革命的一声炮响，给中国传来了马克思主义。马克思主义来到中国，不仅为中国立德与树人理念的蜕变升华提供了历史性契机，亦为新时代立德树人理念的形成奠定了基础性的理论支撑。马克思主义思想政治教育迥然有异于此前阶级社会的种种思想政治教育，正是从马克思主义开始,关于思想政治教育的思考上升到了哲学层面，传统思想政治教育的政治属性开始有所淡化，取而代之的是对社会成员个体成长的关注和关怀。总的来说，马克思主义关于思想政治教育的早期探索，是马克思主义立德与树人理念的初始源头，开启了人类历史关于立德与树人思想的新纪元。马克思主义思想政治教育注重思考一切问题的本质属性，强调共产主义事业与社会成员个体成长之间的互融共进，主张理论与实践并重，这一切均代表着人类社会在这一领域内所达到的新高度与新境界。

一、马克思主义经典作家关于思想政治教育本质的思考

（一）阶级社会思想政治教育的本质与内涵

自阶级产生以来，同一社会形态下不同阶级之间的对立即成为一种普遍现象，二者的对立往往在多个方面、以多种形式表现出来，且在不同的历史时期显现出不同的时代特征。如前所述，思想政治教育是阶级社会的必然产物，原因就在于在阶级社会中，某一阶级往往试图把符合本阶级利益的思想观念设置为社会运行的最高原则，从而在潜移默化中影响社会中其他成员，创建符合本阶级利益的社会道德基本原则。从社会发展的现实来看，统治阶级的思想政治教育在传播、实施方面具有更大的先天优势，亦有其更为强烈的现实需求——统治阶级主张的思想政治教育反映了本阶级的利益诉求，可以在最大程度上保证既定社会秩序的稳定。尽管思想政治教

育的存在久已有之，不过直到马克思与恩格斯创建马克思主义以后，关于思想政治教育的定义与内涵才被真正地剖析和理解。马克思和恩格斯立足于人类社会发展的高度，指出："思想的历史除了证明精神生产随着物质生产的改造而改造，还证明了什么呢？任何一个时代的统治思想始终都不过是统治阶级的思想。"[①] 马克思的这一论断具有重要的意义，指明了阶级社会中思想政治教育的精神实质与基本内涵：阶级社会中的思想政治教育正是基于统治阶级的意志与诉求而建构发展，并保持着长久而持续的影响力的。马克思和恩格斯对阶级社会思想政治教育的历史命运亦有着清晰而准确的把握："各个世纪的社会意识，尽管形形色色、千差万别，总是在某些共同的形式中运动的，这些形式，这些意识形式，只有当阶级对立完全消失的时候才会完全消失。"[②] 这又指出了思想政治教育的另外一个重要特征，即与阶级社会的发展相伴始终。

资本主义社会思想政治教育属于阶级社会思想政治教育的高级阶段，而且资本主义社会的思想政治教育既具有阶级社会的普遍性，同时也具有资本主义社会的自身独特性，在发展上止于尽头。在指导思想的确立上，资产阶级试图建立这样一种观念并传递给社会成员，即"把自己的生产关系和所有制关系从历史的、在生产过程中是暂时的关系变成永恒的自然规律和理性规律"[③]。在具体实施的精神层面，资本主义社会"用公开的、无耻的、直接的、露骨的剥削代替了由宗教幻想和政治幻想掩盖着的剥削"[④]。此外，《共产党宣言》

---

① 《马克思恩格斯文集》第二卷，人民出版社2009年版，第51页。
② 《马克思恩格斯文集》第二卷，人民出版社2009年版，第51—52页。
③ 《马克思恩格斯文集》第二卷，人民出版社2009年版，第48页。
④ 《马克思恩格斯文集》第二卷，人民出版社2009年版，第34页。

也对资产阶级和无产阶级的思想政治教育有着独到而深刻的认知，对于理解马克思主义关于思想政治教育的基本说明、推动思想政治教育返本开新有着特殊的意义。[①]《共产党宣言》指出："我们的时代，资产阶级时代，却有一个特点：它使阶级对立简单化了。"[②] 资产阶级实施思想政治教育的手段和方法均较此前的社会阶段更显简单粗暴，把金钱与利益视为维系社会关系的最高原则，"它把医生、律师、教士、诗人和学者变成了它出钱招雇的雇佣劳动者"[③]。不过，正如资本主义社会的消亡是历史发展的大势所趋，资本主义思想政治教育也注定将会烟消云散。

（二）无产阶级思想政治教育的形成及其必要性

对于无产阶级而言，亦有其在一定历史时期内开展思想政治教育的必要性。恩格斯在致保尔·拉法格的信中提及马克思在指出政客们有意地歪曲他的思想时，曾如是说道："我播下的是龙种，而收获的却是跳蚤。"[④] 这则材料在一定意义上表明，无产阶级如果没有建立和实施行之有效的思想政治教育，那么舆论与思想的阵地就会被别有用心者占据，这也从另一个侧面映射出在共产主义真正实现之前，无产阶级思想政治教育的必要性和必然性。在马克思和恩格斯眼中，资本主义社会中"工人阶级不是一个集体行动者，而是一个纯粹的傀儡，是由其他一些更具阶级意识的阶级操纵的"[⑤]。这种现

---

① 余一凡：《〈共产党宣言〉中的思想政治教育思想探析》，《马克思主义理论学科研究》2018年第5期。

② 《马克思恩格斯文集》第二卷，人民出版社2009年版，第32页。

③ 《马克思恩格斯文集》第二卷，人民出版社2009年版，第34页。

④ 《马克思恩格斯选集》第四卷，人民出版社2012年版，第603页。

⑤ [美]乔恩·埃尔斯特：《理解马克思》，何怀远等译，中国人民大学出版社2008年版，第354页。

状也在促使马克思主义的创始者们针对无产阶级的思想政治教育展开深入的思考。

马克思指出："哲学把无产阶级当做自己的物质武器，同样，无产阶级也把哲学当做自己的精神武器。"[①] 也就是说，马克思指出这样一种现实，即无产阶级也通过借助哲学的力量来构建无产阶级的思想政治教育体系，赢得思想信念的前沿阵地。尤其值得注意的是，"马克思的整个世界观不是教义，而是方法。它提供的不是现成的教条，而是进一步研究的出发点和供这种研究使用的方法"[②]。可以说，马克思对于无产阶级的思想政治教育给出的是一种指导性思想和方法论，而非一成不变的守则定律，也正因为如此，在马克思主义指导下的无产阶级思想政治教育具备了较大的阐释理解空间和发展进阶的可能。

如果说，资本主义社会的思想政治教育与此前阶级社会的思想政治教育仅是形式与路径的差别，其核心要义并无显著不同，那么无产阶级的思想政治教育则是一次严格意义上的革故鼎新。毕竟无产阶级的目的不仅限于取代资产阶级，更是要消灭阶级的存在，把阶级社会的历史彻底终结。《共产党宣言》更是明确地指出："共产党一分钟也不忽略教育工人尽可能明确地意识到资产阶级和无产阶级的敌对的对立"[③]，要让工人阶级"同传统的观念实行最彻底的决裂"[④]。换言之，无产阶级主张"炸毁构成官方社会的整个上层"，在资本主义社会的废墟上重新描绘共产主义社会的美好蓝图。可以

---

① 《马克思恩格斯选集》第一卷，人民出版社2012年版，第16页。
② 《马克思恩格斯选集》第四卷，人民出版社2012年版，第664页。
③ 《共产党宣言：纪念版》，人民出版社2018年版，第65页。
④ 《共产党宣言：纪念版》，人民出版社2018年版，第49页。

说，《共产党宣言》不仅是关于马克思主义思想政治教育的重要文献，更是马克思主义思想政治教育的一次具体实践，从逻辑上证明了无产阶级革命的正当性，并且充分展示了思想政治教育的力量。[①] 不过，这种大破大立的思想想要深入人心，进而改变人们既有的意识观念，代之以符合人类社会发展方向的共产主义观念，就迫切地需要行之有效的思想政治教育体系。为实现这种转变而不断努力、不断尝试的过程，就是无产阶级的思想政治教育过程。

二、马克思主义立德与树人理论的渊源与确立

（一）从"思想政治教育"到"思想道德教育"的历史嬗变

马克思和恩格斯早已揭示了工人运动中开展无产阶级思想政治教育的重要性，考虑到共产主义与资本主义实现最终交替必然是一个相对漫长的历史过程，两位伟人敏锐地发现，对共产主义事业的成败盛衰影响最为关键的对象其实是社会中的青少年群体。在马克思与恩格斯眼中，对青少年群体的思想道德教育，具有历史性的战略意义，关乎共产主义事业的全局。马克思和恩格斯曾说道："工人阶级中比较先进的那部分人则完全懂得，他们阶级的未来，因而也是人类的未来，完全取决于新一代工人的成长。"[②] 新一代青少年的成长代表着共产主义事业的希望与未来，也就是说"共产党人为工人阶级的最近的目的和利益而斗争，但是他们在当前的运动中同时代表运动的未来"[③]。换言之，为真正实现共产主义的伟大事业，当下

---

① 常宴会：《〈共产党宣言〉：马克思主义思想政治教育的实践典范》，《思想教育研究》2018年第11期。

② 《马克思恩格斯全集》第二十一卷，人民出版社2003年版，第270页。

③ 《马克思恩格斯文集》第二卷，人民出版社2009年版，第65页。

时代的青少年群体是无产阶级思想政治教育最主要的对象之一，要努力让他们在正确的轨道上发展成长，改变资产阶级思想政治教育带给他们的消极影响。我们不能忽略这种观念改变带来的巨大威力，“如果从观念上来考察，那么一定的意识形式的解体足以使整个时代覆灭”①。此外，列宁在领导俄国革命以及进行共产主义社会构想与实践的过程中，意识到社会形态转变的艰巨性和长期性，也指出：“从某种意义上可以说，真正建立共产主义社会的任务正是要由青年来担负。”②《共产党宣言》中明确指出：“共产党人不屑于隐瞒自己的观点和意图。他们公开宣布：他们的目的只有用暴力推翻全部现存的社会制度才能达到。”③马克思主义者旗帜鲜明地表明自己的立场，就是要消灭不合理的世界，创建符合人类整体利益的美好社会。“共产党人到处都支持一切反对现存的社会制度和政治制度的革命运动”，为了人类的未来而奋斗，这无疑是人类社会最崇高最壮丽的伟大事业。马克思主义就是向成长中的青少年传播这样一种坚定的信念与意志：“无产者在这个革命中失去的只是锁链。他们获得的将是整个世界。”④

正是因为青少年群体是无产阶级思想政治教育的重要对象，马克思主义关于立德与树人的理论才有建构、发展和传播的可能，关于青少年在共产主义事业中重要地位的准确认识，是马克思主义立德与树人理论的源头。马克思主义不仅为社会的发展与进步指明了方向，向世人描绘了共产主义的美好蓝图，同时也把关注的目光投向

① 《马克思恩格斯文集》第八卷，人民出版社2009年版，第170页。
② 《列宁全集》第三十九卷，人民出版社2017年版，第328页。
③ 《马克思恩格斯文集》第二卷，人民出版社2009年版，第66页。
④ 《马克思恩格斯文集》第二卷，人民出版社2009年版，第66页。

青少年，从而完成了从思想政治教育到思想道德教育的转折与嬗变。思想政治教育与思想道德教育的差异在于，前者更强调政治属性，后者则表现出对人的关怀，这是阶级社会的思想政治教育所不具备的重要特征。

（二）基于人的全面发展视野下的马克思主义思想道德教育理论

马克思主义把青少年群体视为共产主义事业的未来与希望，因此对于青少年的成长有着超乎寻常的关心与关注。马克思主义对于青少年的关爱最终又转化为对人的全面发展的追求，从而把关于立德与树人的思考上升到哲学境界，深刻而广泛地影响着人们对于青少年成长发展的认知与理解，也帮助青少年能够以更开阔的视野、更多维的角度来认知世界、理解世界，建构自己的人生观、世界观和价值观。

在对共产主义与人的全面发展的逻辑关系进行深刻思考后，马克思如是表述他对于理想社会的想象："更高级的、以每一个个人的全面而自由的发展为基本原则的社会"[①]，但是人的全面发展又存在一定的先决条件，在资本主义的社会现实下，人的全面发展很难得到真正的实现。"个人的全面性不是想象的或设想的全面性，而是他的现实联系和观念联系的全面性……要达到这点，首先必须使生产力的充分发展成为生产条件，不是使一定的生产条件表现为生产力发展的界限。"[②] 因此，只有"把生产发展到能够满足所有人的需要的规模；结束牺牲一些人的利益来满足另一些人的需要的状况；彻底消灭阶级和阶级对立；通过消除旧的分工，通过产业教育、变换

① 《马克思恩格斯文集》第五卷，人民出版社2009年版，第683页。
② 《马克思恩格斯文集》第八卷，人民出版社2009年版，第172页。

工种、所有人共同享受大家创造出来的福利，通过城乡的融合，使社会全体成员的才能得到全面发展”[①]。从前述论证中可知，人的全面发展与共产主义社会的实现是一对互为因果、互相依存的逻辑辩证关系：唯有努力实现人的全面发展，才能加快共产主义事业的成功；唯有共产主义社会，才能为人的全面发展提供最好的孕育平台与成长土壤。

马克思主义认为，人是自然界的一部分，因此先天具备一种自然属性。而从人类来到世界的那一刻开始，随着其所认知的世界范围的不断扩大乃至社会的形成，人又在具备自然属性的同时，具备了社会属性。马克思和恩格斯强调人的社会属性，并进而指出“人的本质不是单个人所固有的抽象物，在其现实性上，它是一切社会关系的总和”[②]。而人与动物的重要差别之一，是人的活动具有很大的自由性，尽管二者在生命属性上是一致的，但是人要使自己的生命活动变成“自由的有意识的活动”[③]。马克思追求人的全面发展：“全面发展的个人——他们的社会关系作为他们自己的共同的关系，也是服从于他们自己的共同的控制的——不是自然的产物，而是历史的产物。”[④]简而言之，马克思从解放全人类的高度提出关于人的全面而自由的发展理论。在马克思看来，只有从社会发展的层面为社会生活中的每个现实的人创造一个能够获得自己全面和自由发展的社会环境，才有实现每个人自由个性发展的可能。[⑤]如果说，关于世界观的建构属

---

① 《马克思恩格斯文集》第一卷，人民出版社2009年版，第689页。
② 《马克思恩格斯文集》第一卷，人民出版社2009年版，第501页。
③ 《马克思恩格斯文集》第一卷，人民出版社2009年版，第162页。
④ 《马克思恩格斯文集》第八卷，人民出版社2009年版，第56页。
⑤ 乔荣生、梁瑞敏、陈曦：《马克思人的全面而自由发展思想的原初意蕴及当代启示》，《东北师大学报(哲学社会科学版)》2019年第3期。

于立德范畴，那么关于人的成长，则属于树人环节，马克思对立德与树人的思考深邃博大，为当代社会关于立德与树人的探索奠定了坚实的理论基础。

三、马克思主义立德与树人理论的内涵与特征

（一）理想与现实的完美融合

谈及对思想道德教育的卓越贡献，除了首开无产阶级思想道德教育之先河，马克思主义更是首次把无产阶级伟大事业与人的解放联系起来，即要在创建伟大事业的同时，实现人的自由而全面的发展。这是一个了不起的成就，映射出了马克思主义思想道德教育的人性光辉。马克思如是描述理想中的共产主义社会："代替那存在着阶级和阶级对立的资产阶级旧社会的，将是这样一个联合体，在那里，每个人的自由发展是一切人的自由发展的条件。"① 马克思指出："理论只要说服人［ad hominem］，就能掌握群众；而理论只要彻底，就能说服人［ad hominem］。所谓彻底，就是抓住事物的根本。而人的根本就是人本身。"② 人是实施和推动事业的主体，因此无论理论多么宏大深邃，最终还是要在人的推动下来实施与实践。"思想本身根本不能实现什么东西。思想要得到实现，就要有使用实践力量的人。"③ 在明白上述的主客体关系之后，马克思主义思想道德教育的任务与目标也便格外明晰，即为思想的实施主体指明方向，提供办法，坚定实施主体的信念，引领他们把理论付诸实践，把梦想变成

---

① 《马克思恩格斯文集》第二卷，人民出版社2009年版，第53页。
② 《马克思恩格斯文集》第一卷，人民出版社2009年版，第11页。
③ 《马克思恩格斯文集》第一卷，人民出版社2009年版，第320页。

现实，这个过程就是马克思主义思想道德教育的过程。

不过，如前所述，马克思主义思想道德教育与资本主义以及此前所有阶级社会思想政治教育的显著不同在于，马克思主义思想道德教育不仅追求教育的效果，其更宏大的目标则是使个体在为共产主义事业奋斗的过程中达成个体的自由全面发展，进而实现自己的价值。因此，马克思把无产阶级事业与人的解放紧密联系在一起，“每个人的自由发展是一切人的自由发展的条件”[①]。而作为人成长最重要的阶段，青少年时期的发展对于人可否实现自由全面的发展有着至关重要的作用。从无产阶级事业发展的角度来说，能够推动马克思主义理论向现实转化的人一定要在诸多方面具备优秀品质和卓著能力，这是事业发展的需求，也是人的全面发展的要求。恩格斯指出：“作为党的政论家，除了一定的信念、善良的愿望和洪亮的嗓音而外，还需要一些别的条件……党的政论家还需要具有更多的智慧、更明确的思想、更好的风格和更丰富的知识。”[②]而想要实现人的全面发展和自由成长，就需要各方的协同努力，“特别是领袖们有责任越来越透彻地理解种种理论问题，越来越彻底地摆脱那些属于旧世界观的传统言辞的影响，并且时刻注意到：社会主义自从成为科学以来，就要求人们把它当做科学来对待，就是说，要求人们去研究它。必须以高度的热情把由此获得的日益明确的意识传播到工人群众中去，必须不断增强党组织和工会组织的团结”[③]。马克思主义认为，物质决定意识，世界是以动态特征存在和发展的，而非恒定不变的，“发

① 《马克思恩格斯文集》第二卷，人民出版社2009年版，第53页。
② 《马克思恩格斯文集》第一卷，人民出版社2009年版，第664页。
③ 《马克思恩格斯文集》第二卷，人民出版社2009年版，第219页。

展着自己的物质生产和物质交往的人们，在改变自己的这个现实的同时也改变着自己的思维和思维的产物”[①]。也就是说，在确立基本方向的前提下，关于事业发展与个体成长的完美融合，关于青少年的立德与树人问题的探索，必然会因时因事而异。每一个时代，每一种文化语境，都可能会构建出不一样的思想道德教育体系，以保证在满足共产主义事业发展的同时，也满足人的自由发展的需求。

（二）理论与实践的有机统一

众所周知，马克思主义从来就是一门强调理论与实践相结合的学问，理论源于实践，但又反作用于实践。这一点在青少年群体立德与树人理念上有着尤为明显的表现，马克思主义的青少年思想道德教育不仅强调理论建构，更看重实践演练，始终追求理论与实践的齐发并进。马克思指出：“全部社会生活在本质上是实践的。凡是把理论引向神秘主义的神秘东西，都能在人的实践中以及对这种实践的理解中得到合理的解决。”[②]这一论断，指明马克思主义立德与树人理念求索的实践属性其实是与生俱来的。不过，这种实践性又不是独立存在的，而是与理论相互依存的。马克思在《1844年经济学哲学手稿》中指出：“理论的对立本身的解决，只有通过实践方式，只有借助于人的实践力量，才是可能的；因此，这种对立的解决绝对不只是认识的任务，而是现实生活的任务，而哲学未能解决这个任务，正是因为哲学把这仅仅看做理论的任务。”[③]具体到青少年思想道德教育的问题上，马克思主义认为，一方面要注重理论探索，培养

① 《马克思恩格斯文集》第一卷，人民出版社2009年版，第525页。
② 《马克思恩格斯文集》第一卷，人民出版社2009年版，第501页。
③ 《马克思恩格斯文集》第一卷，人民出版社2009年版，第192页。

马克思主义立德与树人理论的特征

青少年批判性与战斗精神；另一方面也要注意理论与实践的辩证性，在实践层面，培养青少年的实践能力。如马克思所说："批判的武器当然不能代替武器的批判，物质力量只能用物质力量来摧毁。"① 马克思主义思想道德教育以引导青少年群体接受先进的思想理论为诉求，并关注人的个体成长，推动个人思想的升华，进而实现思想与现实的有机统一。

根据马克思主义的经典理论，马克思主义思想道德教育的终极目标是服务于社会生产力的发展，在理论的指导下，使青少年迅速地成长起来，不断创造和完善物质力量，加快社会形态的历史性转变。马克思与恩格斯在构建理论的同时，也在不断推动着物质力量的形成和壮大。在传播共产主义理论的时候，马克思与恩格斯通过现场演讲、撰写文章以及印制宣传册等实践方式，来扩大理论的影响力，推动理论与实践的统一。1847 年，29 岁的马克思和 27 岁的恩格斯改组共产主义者同盟；1848 年欧洲革命爆发之际，马克思回国参加了三月革命，同时以笔为剑，撰写文章宣传无产阶级革命的观点。可以说，终其一生，马克思与恩格斯都坚持在理论与实践并重的路上探索，这对于成长中的青少年而言，无疑如长夜中的明灯，照亮前行的长路。

马克思主义向来主张辩证地看待和认识世界，将理论与实践并重，不过具体到有关青少年立德与树人的问题上，马克思主义对理论与实践的阐释、重视和推动，是使马克思主义思想道德教育超越阶级社会思想政治教育的关键性因素，也为此后这一重大问题的探索开辟了更为广阔的空间。

---

① 《马克思恩格斯文集》第一卷，人民出版社2009年版，第11页。

第三章 \ Chapter 3

立德树人：
发展与挫折

第一节

形势所需：教育为革命战争服务

苏维埃文化教育的总方针在什么地方呢？在于以共产主义的精神来教育广大的劳苦民众，在于使文化教育为革命战争与阶级斗争服务，在于使教育与劳动联系起来，在于使广大中国民众都成为享受文明幸福的人。

——毛泽东

20 世纪初期，轰轰烈烈的辛亥革命推翻了帝制，但最终仍以失败而告终。一般认为，作为政治革命的辛亥革命取得了胜利，但是这场胜利以及此后的失败使更多人意识到文化层面的革命任重而道远，中国的自强之路唯有从文化层面对根深蒂固的封建道统进行根本性改造，方有实现的可能。正是在这样的时代背景下，新文化运动开始在全国范围内蓬勃兴起。1917 年，俄国十月革命取得胜利，开创了人类社会的新纪元，对于新文化运动方兴未艾的中国而言，它更是带来一股全新的空气。马克思主义一经传入中国，即迅速动摇着中国既有的文化格局。中国第一批马克思主义者以坚定不移的态度对资本主义文明予以批判，他们坚信，虽然中国的传统文化时代已经过去，但从世界发展的大势来看，取而代之的决不应该是已经表露出衰败迹象的西方资本主义，而是充满生机的马克思主义。1921 年，中国共产党成立，从此以后中国关于立德与树人理念的探索和思考进入了一个全新的阶段。

一、抗日战争前立德与树人的理论和实践

马克思主义来到中国，恰逢中国文化面临新旧之争、东西之争的混沌时期，马克思主义迅速在纷乱中占据高地，成为众望所归的选择。1921 年至 1937 年，是中国共产党从成立伊始到逐渐壮大的时期，同时也是民族矛盾不断激化的时期，中国共产党人的立德与树人理念从萌生到发展，其发展的轨迹也与国内国际形势的变迁有着极为密切的关联性。

风行于 20 世纪初期的新文化运动过后，近代中国的文化界重新陷入困惑之中，原因在于此前国人一心向往的西方文明恰在这个时期表现出明显的衰落迹象，资本主义列国深陷第一次世界大战的烽

火余烬之中，矛盾尖锐，危机四伏。此前务求大破大立的激进新文化运动因此陷入了前所未有的茫然境地。十月革命的一声炮响，把马克思主义带到中国，方为中国的新文化运动破解困局指明了前进方向。

作为中国共产党早期的代表人物，李大钊与陈独秀对中国传统文化中以儒教伦理纲常为中心的立德与树人理念进行了强烈的批判。李大钊指出："孔子之道，施于今日之社会为不适于生存，任诸自然之淘汰，其势力迟早必归于消灭。"[①] 陈独秀说："儒者三纲之说，为一切道德政治之大原：君为臣纲，则民于君为附属品，而无独立自主之人格矣；父为子纲，则子于父为附属品，而无独立自主之人格矣；夫为妻纲，则妻于夫为附属品，而无独立自主之人格矣。……缘此而生金科玉律之道德名词，——曰忠，曰孝，曰节，——皆非推己及人之主人道德，而为以己属人之奴隶道德也。"[②] 对于西方世界借用宗教的力量来实施思想道德教育的方式，李大钊旗帜鲜明地表示反对。他指出："我们坚信宗教是妨碍人类进步的东西，把所有的问题都想依赖宗教去解决，那是一种不承认科学文明的态度。"[③]

在批判的同时，李大钊和陈独秀均高度肯定立德与树人的重要性。李大钊认为青少年代表着国家与民族的未来和希望，青少年的思想道德教育不仅关乎其个体的成长，同样也关系到国家命运。他说："觅新国家，拓新世界……征服与奋斗为青年专擅之场。厚青年之修养，畅青年之精神，壮青年之意志，砺青年之气节，鼓舞青春中华之运动，培植青春中华之根基……盖青年者，国家之魂。"[④] 陈独秀也陆续发

---

① 《李大钊全集》第一卷，人民出版社2013年版，第429页。
② 陈独秀：《独秀文存》，安徽人民出版社1987年版，第34-35页。
③ 《李大钊全集》第四卷，人民出版社2013年版，第81页。
④ 《李大钊全集》第一卷，人民出版社2013年版，第332-333页。

表《敬告青年》《新青年》等文章，迫切地希望青少年能够以积极向上的心态不断进步，承担起社会责任与家国期望。这种期望就是中国共产党立德与树人理念的最初探索。总的来说，中国共产党正是借助十月革命阐明了建立苏维埃政权的理想，实际上也为中国革命胜利后的国家政权建设确立了基本坐标 。①

由于国内形势的变化，中国共产党于 1927 年开始陆续领导多次武装起义，并于江西、福建、湖南、湖北等地陆续开始开辟农村革命根据地，建立各级苏维埃政权。也是从这一阶段开始，中国共产党关于立德和树人的理念也由纯粹的理论探索进入到实践阶段，理论体系逐渐确立，理论框架也日益明晰。1931 年，中华苏维埃共和国在江西中央苏区正式成立。首次全国工农代表大会亦随之盛大召开，在这次盛会上通过的宣言明确提出：“工农劳苦群众，不论男子和女子，在社会、经济、政治和教育上，完全享有同等的权利和义务。”“取消一切麻醉人民的封建的、宗教的和国民党的三民主义教育。”② 本次大会另外一个重要收获是正式通过了《中华苏维埃共和国宪法大纲》，《宪法大纲》第十二条规定：“中国苏维埃政权以保证工农劳苦民众有受教育的权利为目的，在进行阶级战争许可的范围内，应开始施行完全免费的普及教育，首先应在青年劳动群众中施行，并保障青年劳动群众的一切权利，积极的引导他们参加政治的和文化的革命生活，以发展新的社会力量。”③1934 年，毛泽东在第二次全国

---

① 陈金龙：《十月革命与中国共产党早期革命话语的建构》，《历史研究》2018年第4期。

② 中央教育科学研究所：《老解放区教育资料（一）》，教育科学出版社1981年版，第27页。

③ 中共中央文献研究室、中央档案馆编：《建党以来重要文献选编（1921-1949）》第八册，中央文献出版社2011年版，第652页。

苏维埃代表大会的工作报告中，把苏维埃共和国的教育方针表述为：“在于以共产主义的精神来教育广大的劳苦民众，在于使文化教育为革命战争与阶级斗争服务，在于使教育与劳动联系起来，在于使广大中国民众都成为享受文明幸福的人。”① 此处强调，这一时期的教育要为革命战争与阶级斗争服务，也就是重新定义了立德与树人的基本概念，对这一理念的深入和发掘从此贯彻于中华人民共和国建立前的各个历史时期。

土地革命时期和中央苏区时期，中国共产党领导下的苏维埃根据地的主要任务在于保障广大工农劳苦民众的权利以及为革命战争和阶级斗争服务，主要通过理论灌输、隐性教育、扫盲运动及媒介宣传等形式开展思想政治工作，而上述形式皆服务于思想政治教育的内容。② 因此这一时期立德与树人理念的践行具有开启民智、政治目的明确等突出特征。这一时期中小学思想道德教育的主要目的在于开启民智，反对国民党政府奉行的愚民政策。毛泽东在《第二次苏维埃代表大会的报告》中说道：“这里一切文化教育机关，是操在工农劳苦群众的手里，工农及其子女有享受教育的优先权。苏维埃政府用一切方法来提高工农的文化水平。为了这个目的，给予群众政治上与物质条件上的一切可能的帮助。”③ 相比之下，国民党政府的教育政策，则是“施行愚民政策，将工农群众排除于教育之外”。开启民智的一个显著特征是态度鲜明地反对在立德与树人理念实践中掺

---

① 《建国以来重要文献选编》第十一册，中央文献出版社1995年版，第418页。

② 曹京燕、卢忠萍、徐鹏：《中央苏区思想政治教育的当代价值探析》，《思想理论教育导刊》2016年第6期。

③ 江西省档案馆、中共江西省委党校：《中央革命根据地史料选编》下册，江西人民出版社1986年版，第330页。

杂封建迷信。1931年全国工农兵代表大会的宣言中提出："在苏维埃政权之下，取消各种宗教团体的特别权利，……政权组织教育机关和宗教事业绝对分离。"[①] 此外，明文规定"学校与宗教分离，禁止任何宗教干预教育和学校，废止数千年统治教育和学校的孔教"，代之以"以共产主义精神教育学生"。苏维埃根据地对旧传统与宗教方式的禁止，表明中国共产党彻底推翻帝国主义、封建主义、官僚资本主义三座大山的意志与信心，这种意志和信心又通过正确的、科学的思想道德教育方式，建构起内涵深刻的新时期立德与树人理念，保证了马克思主义者的事业衔接与精神传承。

毋庸置疑，这一时期中小学立德与树人理念有着鲜明的政治属性。在中央政府教育人民委员会第一号训令上，关于苏区文化教育的任务曾有如下指示："苏区当前文化教育的任务，是要用教育与学习的方法启发群众的阶级觉悟，提高群众的文化水平与政治水平，打破旧社会思想习惯的传统，以深入思想斗争，使能更有力地动员起来，加入战争，深入阶级斗争，和参加苏维埃各方面的建设。"[②]《中华苏维埃共和国小学制度暂行条例总纲》这样描述当时的教育任务："要消灭离开生产劳动的寄生阶级的教育，同时要用教育来提高生产劳动的知识技术，使教育与劳动统一起来。"[③] 在战争年代，考虑到战局的紧迫性，强化中小学生的阶级观念，有其时代的特殊性，也有其必然性，这也决定了当时立德与树人理念必然具有极强的政治属性。

---

① 中央教育科学研究所：《中国现代教育大事记》，教育科学出版社1988年版，第234页。

② 《张闻天文集》第一卷，中央党史资料出版社1990年版，第29页。

③ 江西省教育学会：《苏区教育资料选编（1924—1934）》，江西人民出版社1981年版，第97页。

土地革命时期，中国共产党的中小学思想道德教育收到了现实回报。《中华苏维埃共和国临时中央政府人民委员会命令第八号》总纲的第二条规定："共产主义的文化教育是革命的阶级斗争的工具之一，必须运用实际斗争的教训和经验来实施教育，使教育与斗争联系起来。"[①]1933 年 10 月 20 日，教育建设大会通过的《目前教育工作任务的决议案》规定："苏维埃教育制度的基本原则是为实现一切男女免费的义务教育到十七岁为止，但是估计着我们处在战争时期的情形之下，特别是实际的环境对我们的需要，大会同意把义务教育缩短为五年。"儿童是革命事业的接班人。资料显示，1933–1934 年，在约 200 万人口的苏区中，就有几万名儿童在列宁小学读书。[②] 这一时期，为了培养共产主义建设的新后代，各村普遍设立列宁小学，以长冈乡为例，入学儿童占全乡学龄儿童总数的 65%，这一比例远高于国民党统治区域的入学比例。[③] 列宁小学的教育原则是"要把小学教育和政治斗争相联系""小学教育要发展儿童的创造性""要教育广大的劳动群众的子弟，使他们成为有思想的头脑，有对于劳动的坚强意志和完全的新人物"。[④] 总的来说，苏区的中小学教育是中国共产党初步践行马克思主义立德与树人理念的实施平台，当时的中小学教育是为无产阶级服务，为革命战争服务，其使命就是要为革命战争和阶级斗争提供后备人才。因此关于阶级意识的思想道德教育体现于各科学习的过程之中。譬如《国语课本》第三册第十四课："月

① 江西省教育学会：《苏区教育资料选编（1924–1934）》，江西人民出版社1981年版，第97页。

② 陈元晖：《老解放区教育简史》，教育科学出版社1981年版，第11页。

③ 陈元晖：《老解放区教育简史》，教育科学出版社1981年版，第38–39页。

④ 中央教育科学研究所：《老解放区教育资料（一）》，教育科学出版社1981年版，第317页。

光光，月光光，小孩子，上操场。土炸弹，木壳枪。开步走，瞄准放。大家时刻准备着，准备打倒国民党。”① 其他科目，如算术教科书的编写也是密切与政治斗争和军事斗争相结合。比如某道数学题目为：“某游击队原来共有七根快枪，现在有三个白军拖枪投诚，共有几根快枪？”② 诸如此类，不胜枚举。总的来说，这一时期苏区的中小学教育能够根据受教育者的年龄特征，形式多样地开展思想道德教育，坚定不移地执行马克思主义立德与树人理念的既定方针。

二、抗日战争时期立德与树人的理论和实践

1937 年 7 月 7 日卢沟桥事变后，抗日战争全面爆发。当此国家民族危亡之际，中国共产党坚决主张抗战到底，并呼吁全国人民建立抗日民族统一战线。尽管国内阶级矛盾依然尖锐，但是自卢沟桥事变开始，阶级矛盾开始让位于民族矛盾，抗战成为这一时期的当务之急。中国共产党的立德与树人理念也随着国际形势和国内矛盾的转化而有所调整。根据一切服务于抗日战争的基本原则，这一时期中国共产党的中小学思想道德教育有着浓重的战时特征。

抗日战争时期，除陕甘宁边区外，中国共产党陆续在西北、华北、华中、华南和东北等地开辟了 19 个抗日民主根据地。太平洋战争爆发后，日军集中兵力对根据地进行大规模“扫荡”，抗日民主根据地面临着前所未有的困难。不过以 1942 年开展的整风运动和大生产运动为标志，党的正确路线得到坚决贯彻和实施，抗日民主根据地

① 吴洪成：《中国小学教育史》，山西教育出版社2006年版，第293页。
② 华东师范大学教育系、教科所：《中国现代教育史》，华东师范大学出版社1983年版，第180页。

渡过了最艰难的时期，而后进入了大发展时期。抗战时期中国共产党的立德与树人理念主要是以这些抗日民主根据地和敌后根据地为平台，进行理论与现实的结合的。

在全面抗战的时代背景下，对外抗击帝国主义的侵略成为中国的主要矛盾，因此中国共产党的一切经济、文化政策皆以此矛盾为主要服务对象。卢沟桥事变后，毛泽东作了《反对日本进攻的方针、办法和前途》的指示，明确指出坚决抗战的办法之一就是实行“国防教育”，要求“根本改革过去的教育方针和教育制度。不急之务和不合理的办法，一概废弃。新闻纸、出版事业、电影、戏剧、文艺，一切使合于国防的利益。禁止汉奸的宣传”[①]。1937 年 8 月，毛泽东进一步指出必须实行“抗日的教育政策”，这个政策是“改变教育的旧制度、旧课程，实行以抗日救国为目标的新制度、新课程”[②]。这是抗日根据地实施各项教育政策的总方针，这一时期立德与树人理念的基调也由此奠定，即突出配合全民抗战形势的政治性。1938 年 10 月，毛泽东在中共六届六中全会上发表了题为《论新阶段》的政治报告，指出：“实行抗战教育政策，使教育为长期战争服务”，在办理小学教育的问题上明确指出，要“以民族精神教育新后代”。[③]此处所谓的“民族精神”实际上是这一时期立德与树人理念的根本原则与实践路径。

在具体的实践中，抗日民主根据地也严格贯彻这一指导思想。1937 年，陕甘宁边区政府关于教育工作明确规定：“必须采取适当办法，实施以民族解放、民主政治为中心内容的普及教育。”1939 年

---

① 《毛泽东选集》第二卷，人民出版社1991年版，第348页。

② 《毛泽东选集》第二卷，人民出版社1991年版，第356页。

③ 《建党以来重要文献选编（1921–1949）》第十五册，中央文献出版社2011年版，第618–619页。

1 月，陕甘宁边区政府的工作报告指出："边区实行国防教育的目的，在于提高人民文化政治水平，加强人民的民族自信心与自尊心，使人民自愿地、积极地为抗战建国事业而奋斗，培养抗战干部，供给抗战各方面的需要，教育新后代，使其成为将来新中国的优良的建设者。"① 此外，《陕甘宁边区抗战时期施政纲领》明确规定："实行普及免费的儿童教育，以民族精神与生活知识教育儿童，造成中华民族优秀的后代。"② 为了贯彻实施这一指导思想，各抗日民主根据地纷纷建立小学，为适龄儿童提供免费的义务教育，以提升民族自尊心、阶级觉悟和爱国情怀为主要内容，深入地开展中小学思想道德教育工作。在这股制度改革的风潮中，抗战初期仍然存在的私塾及旧式教学被逐渐改造或淘汰，代之以新式学校模式。陕甘宁边区《小学法》《小学教育实施纲要》等文件中明确规定："边区小学应依据边区国防教育宗旨及实施原则，以发展儿童的身心，培养他们的民族意识、革命精神及抗战建国所必需的知识技能。"③ 换言之，抗战时期中小学思想道德教育的目的就是要培养青少年的民族觉悟。

为更好地实现这一目标，在实际的课程学习中，关乎抗战以及统一战线的政治教育内容是教育的重心所在，体现了以抗战教育为主的指导精神。这种精神也被贯穿于各个学科的专业教学之中。比如语文课，会以抗日英雄、中日会战相关的文学作品作为主要教学内容；数学课也往往会使用杀敌人数、枪械数量等战争特征明显的案例作

① 中国社会科学院近代史研究所《近代史资料》编译室：《陕甘宁边区参议会文献汇辑》，知识产权出版社2013年版，第27页。

② 中国社会科学院近代史研究所《近代史资料》编译室：《陕甘宁边区参议会文献汇辑》，知识产权出版社2013年版，第42页。

③ 陈元晖：《老解放区教育简史》，教育科学出版社1981年版，第104页。

为教学案例。即使用此类案例激发学生的爱国热情，从而真正达到中小学思想道德教育的最终目的。

抗日战争时期，敌占区成为中国共产党实施中小学思想道德教育工作的又一个重要平台，即与日本侵略者在敌占区开展的奴化教育进行不懈抗争。早在九一八事变之前，日本人就已经着手准备在东北地区推行奴化教育，日本首相田中义一在给裕仁天皇的奏折中如是说道："唯学校之施设，此后按扩张施设男女师范学校，以期熏育支那教育人才，而造成东三省民永远亲日之根本，此乃文化施设之第一要义。"[①] 此后，随着抗日战争的全面爆发，作为实施侵华战略的第二战场，日本侵略者的奴化教育也迅速发展起来。主要方式是颁布新学制，制定新方针，在对青少年的教育过程中灌输日本文化，传递殖民奴化的教育宗旨和理念。而且，奴化教育不仅限于学校教育，而是扩展至社会的各个领域，其教育的对象也不仅限于青少年，而是涵盖不同年龄阶段的群体。

面对敌占区的思想道德教育之战，中国共产党表现出了与军事战场上同样的态度，坚决予以回应和反击，积极地开展反殖民奴化教育斗争。反奴化思想道德教育的形式主要包括创办抗日两面小学（抗日伪装小学）和抗日隐蔽小学（地下小学），编印教材，实行形式多样的免费义务教育，向青少年儿童传输正确的价值观，帮助他们厚植爱国情怀等。对此，中国共产党利用散发传单，编写民谣、歇后语等多种形式，在沦陷区宣传抗日思想，热情讴歌前线战场上奋勇杀敌的抗日英雄，痛斥日寇烧杀抢掠的恶行，对青少年进行思想上的启

① ［美］欧文·华莱士：《华莱士：日本侵华史调查》，王金铃译，人民出版社2015年版，第67页。

蒙，激发青少年的爱国热情，并发起了“五不誓约”等运动。[①] 在整个抗日战争阶段，中小学生借助年龄优势，以多种形式参加抗日行动，比如站岗放哨、传递情报、发放传单等，在抗战过程中发挥了巨大作用。

尽管抗日战争给中小学教育带来极大的影响，但是在中国共产党领导下的抗日民主根据地，中小学教育仍然不断推进了学校教育的正规化和思想道德教育的制度化建设。边区小学的教育宗旨为：“应依新民主主义教育方针以促进儿童的民族觉悟，养成儿童的民主作风，启发儿童的科学思想，发展儿童的审美观念，提高儿童的劳动兴趣，锻炼儿童健壮体格，增进儿童生活所必要的知识，培养儿童为大众服务的精神。”[②] 换言之，当时中小学思想道德教育的核心要义在于培养中小学生的革命精神，激发他们的抗战热情，从而达成中小学教育服务于抗日战争的现实需求。

这一时期的中小学思想道德教育体现出为抗日战争服务的基本原则。中小学教育之于中共根据地的生存和发展具有重要意义，其出发点和落脚点都是为革命事业服务，专业性与政治性也因此成为这一时期中小学教育的常态。[③] 当时抗日民主根据地的教育宗旨极为明确：“为争取抗战胜利，建设独立自由幸福的新中国，培养有民

---

① “五不誓约”指要求儿童团成员切实遵守如下誓约：第一，不告诉敌人一句实话；第二，不报告干部和八路军的情况；第三，不报告地洞和粮食的情况；第四，不要敌人的东西，不上敌人的当；第五，不读敌人的学校，不参加敌人少年团。详见教育阵地社：《抗战时期边区教育建设》下册，新华书店晋察冀分店1946年版，第14—15页。

② 陕西师范大学教育研究所：《陕甘宁边区教育资料（小学部分）》上册，人民教育出版社1981年版，第97页。

③ 王龙飞：《战争与革命时空下的小学教员与学生——以陕甘宁边区为中心》，《南京大学学报（哲学·人文科学·社会科学）》2014年第5期。

族觉悟，有民主作风，有现代生活知识技能，能担负起抗战建国之任务的战士和建设者。”① 这一宗旨也贯穿于中小学思想道德教育工作的始终。一方面，在教学过程中，注重对学生爱国情怀的培养，帮助其建立正确的世界观，使其能够理性地认识到抗日战争的正义性和必要性；另一方面，让学生们通过多种形式直接或间接地参与抗战工作，让他们亲身感受战争的残酷，强化抗战意识，积累斗争经验。

抗日战争时期的中国与世界，都处在极其复杂的民族斗争和军事战争之中。具体到中国国内而言，中日之间的民族矛盾已经成为最突出、最激烈、最主要的矛盾，整个中华民族面临着亡国灭种的巨大威胁。在此情况下，中国共产党坚定不移地建立起包括不同阶级、不同阶层的抗日民族统一战线，共御外敌。在这样的大战略下，作为传承民族精神和血脉的少年儿童的成长也得到了高度重视，中国共产党的立德与树人理念也得到了前所未有的提升与升华。总的来说，经历过前一个时期的探索，这一时期中国共产党中小学思想道德教育理念在总结既有经验的基础上，从现实出发，立足现实，服务于现实，在理论探索和现实践行两个层面均取得显著的成效，实现了抗战时期教育思想的圆满过渡，进一步推进了立德与树人理念的现实转化，加快了中小学思想道德教育理论体系的理论发展和体系建构。

三、解放战争时期立德与树人的理论和实践

抗日战争结束后，中国共产党领导的解放区的面积比抗日战争时期大为扩展，人口也明显增多，这种变化也意味着中国共产党立德

① 中央教育科学研究所：《老解放区教育资料（二）：抗日战争时期》上册，教育科学出版社1986年版，第135页。

与树人理念即将迎来新的进展与蜕变。在党的直接领导下，各解放区在总结抗日战争时期经验的基础上，继续坚持学校教育密切地为解放战争服务这一基本宗旨，迅速地开展中小学教育，以革命的思想来教育广大的中小学生，清除抗日战争时期奴化教育以及封建教育的遗存，帮助广大儿童青少年建立正确的人生观、世界观和价值观，推动立德与树人理念的进一步完善。

陕甘宁边区于 1946 年 12 月 10 日颁布《战时教育方案》，强调各级学校及一切社会教育组织都应采取新形式、充实新内容，进行制度和形式上的调整完善，努力为战争服务。《方案》明确要求各级学校要高度重视学生的政治思想教育工作，培养学生的“革命观点、群众观点、坚决勇敢及拥军尚武的精神”。[①] 这一时期，实施中小学思想道德教育的主要方式是通过时事报告、课堂教学、读书看报等方式在全体师生中进行以时事政策为中心的政治思想教育。此外，通过形式多样的学习实践，让他们真切感受到战争的残酷性。解放区小学德育教育中的实践环节非常重要，其中包括简单的军事训练、军事环节的模拟等，年龄相对较大的儿童甚至可以直接参与放哨、传递情报等军事行动。由于战时原因，学校存在随时被破坏、转移的问题。因此学校的思想道德教育无法得到有效保障，在此情况下，家庭教育成为学校德育的重要补充。

1946 年 9 月，东北行政委员会就已关注到包括中小学教育在内的国计民生问题，并下发了《关于改造学校教育与开展冬学运动的指示》，提出“根据东北解放区的情况，教育工作的总方针应是进一

① 中央教育科学研究所：《老解放区教育资料（三）：解放战争时期》，教育科学出版社1991年版，第5页。

步肃清敌伪奴化教育和蒋介石封建法西斯教育的余毒和影响，建立民族的、民主的、大众的、科学的新民主主义教育，使教育服务于新民主主义的政治斗争，服务于东北人民的和平建设事业”[①]。东北中等学校有其历史的特殊性，他们根据这种情况改造学生思想，肃清盲目的正统观念，帮助学生建立起正确的世界观成为践行中国共产党立德与树人理念的重中之重。通过形式多样、内容丰富的思想改造，绝大多数学生摆脱了盲目的正统观念的束缚，解放了思想，积极参加革命，成为了解放战争期间的主力军。而这只是解放战争期间中国共产党深入贯彻立德与树人理念的一个局部缩影。

从解放战争开始以来，在中国共产党的领导下，解放区中等学校的德育教育取得了巨大成就，成为军事战争、土地改革和生产建设的重要支撑。不过，随着解放区面积不断扩大，社会治理不断复杂，战时教育的弊端也日益凸现出来。这一问题日益严峻，引发了党中央的高度关注，而这种关注最终成为难得的历史契机，引领了解放区中等教育规范化进程。1948 年 10 月，新华社刊发题为《恢复和发展中等教育是当前的重大政治任务》的重要社论，社论指出：“当前解放区普通教育工作中最重要的问题，是恢复和发展中等教育问题。……这个胜利，以及进一步争取全国胜利的任务，又对教育工作提出了新的要求，要求教育工作能够培养出大批政治上进步的具有中等文化程度和基本科学知识的人才，来补充军事、政治、经济、文化各方面工作的干部。这是一个重大的政治任务；如果不能很好地解决这个任务，就会妨碍战争的胜利与国家的建设。”把中等教育的规范化提升到了国家建设的高度来看待。

① 东北教育社：《东北四年来教育文件汇编》，东北新华书店1949年版，第1页。

在此号召下，各解放区多次就中等教育的问题召开专题会议，集中讨论中等教育的改革问题。在改革过程中，学习内容更加丰富，学校形式日益规范化，解放区政府对于思想政治教育工作也给予了高度重视。这一时期青少年思想道德教育的特征主要是逐渐由临时的、政治性的，转变为长期的、合乎规律的思想教育。尤其重要的是，随着中小学校教育的规范化，在此之前相对笼统的泛青少年德育教育也逐渐明晰起来。

东北行政委员会于 1948 年 10 月颁布了《关于教育工作的指示》："今后既要从事建设，教育工作就应作长期打算，建立适合于建设需要的正规教育制度和教育办法。关于学制、课程、教学管理、行政领导等都应定出一定章法。"[①] 同一年，陕甘宁边区政府颁布了《关于恢复老区国民教育工作》《关于老区中等教育工作》等指示。华北解放区于 1948 – 1949 年陆续召开中等教育会议和小学教育会议，把探索规范的学校思想道德教育纳入议事日程。总的来说，这是一股覆盖全国的滚滚洪流。解放战争后期，小学教育的新型正规化建设讨论被提上议事日程。1949 年 6 月，在北平召开了华北小学教育会议，对此后小学教育的改革等相关问题进行了集中探讨，并初步拟定了《小学教育暂行实施办法》等文件。这次会议在肯定此前小学教育工作的基础上，指出解放战争即将迎来全面的胜利，这意味着此前试行的模式必将面临较大幅度的改革。本次会议指出小学德育的基本方针是"培养儿童爱人民、爱国家的思想及爱劳动、讲民主、守纪律的良好习惯"。

---

① 东北教育社：《东北四年来教育文件汇编》，东北新华书店1949年版，第64页。

学校教育从战时的临时教育转变为正规教育，两者的差异有着本质不同。为了更好地实施中国共产党的立德与树人理念，相关部门对政治、历史等政治思想特征显著的课程做了较大幅度的整改，删除了封建主义、官僚资本主义和帝国主义的相关内容，代之以民主、科学的新内容。向学生们解释解放战争的性质，使广大中小学生明白这场战争的起因、过程及其必然结局，使他们了解中国共产党领导下的解放战争的正义性，并明白解放战争与国家利益、社会利益和个人利益息息相关。此外，通过时政学习，披露国民政府统治下人民生活的困苦，与解放区丰衣足食的境况形成鲜明对比，激发小学生群体热爱党、热爱解放区的情怀，并使其对于解放战争的胜利充满信心。解放战争以土地改革为时代背景，在学习的过程中，土地改革的相关知识也融入了各学科的学习中。学生们通过对土改的了解，进一步认清了地主阶级的压迫本质，意识到劳苦大众翻身做主人的必然性和必要性。

总的来说，解放战争后期，在全国解放的预期日益明晰的前提下，中国共产党的立德与树人理念表现出显著的转折特征，中小学生思想道德教育政策也从指导思想、建设理念和实施形式上，表现出从战时特征向规范化转变的迹象。中小学教育的主旨是致力于培养知识分子的后备军，以满足社会主义建设事业的需要；以革命思想来教育新后代，培植新国民，推动了新文化谱系的构建与传承。

纵观解放战争的全过程，封建主义和帝国主义陆续被推翻，国内的主要矛盾由此前的民族矛盾转化为阶级矛盾。与此前经历的抗日战争不同，解放战争的意义有所不同，这是近代以来中国人民即将完成推翻三座大山这一伟大壮举的最后一步。这一时期中小学思想道德教育的基调也从此前的民族矛盾向阶级矛盾演变，而在解放战争后期，更表现出强烈的为中华人民共和国成立以后的思想道德教育奠定基础的倾向。

这一时期，中国共产党中小学思想道德教育仍然具有浓重的战时特征。而且出于战场的现实需求，针对干部、成年人的思想道德教育的急迫性优于学校教育；而在学校教育中，大学教育的紧迫性又大于中小学教育。在党中央的直接领导下，全体党员干部通过深入学习马克思主义理论和新民主主义国家建设理论来提升自己的理论素养，以必胜的信念和坚定的意志来迎接解放战争的最终胜利。在解放战争实施过程中，人民解放军以风卷残云之势实现全国统一，而随着解放区面积的不断扩大，各大解放区都建立起人民革命大学，对旧知识分子进行改造，而这种改造无疑主要针对思想层面，使他们认识、理解和接受历史唯物主义和马克思主义，对中国革命的基本问题、基本道路和基本宗旨有更深入的了解，帮助他们建立唯物史观和革命的人生观，以期在即将到来的新时代为国家和人民贡献学识。如前所述，尽管解放战争时期中小学教育的重要性让位于更具战略意义的干部教育和大学教育，但在中国共产党的领导下，这一时期中小学思想道德教育理念仍然开始从战时教育向规范教育逐渐转化，最终成为中华人民共和国成立后中小学思想道德教育的雏形。

解放战争期间，中国共产党对教材编写工作给予高度重视，进一步完善了课程体系和教材编写工作。1948 年，徐特立在审查华北人民政府负责编写的小学课本时指出："各册相互间及各课相互间的联系，以及国民需要最低限度的知识的全面性和计划性都和辛亥以来的国语教科书无甚差别。这一问题在中国历史发展近百年来未能解决，目前我们急需解决。”[①] 由此也可以看出，解放战争期间对于中小学教材的重视程度。解放区的中小学教科书继承了抗日战争时期的历史经验，站在新民主主义教育的理论层面，密切联系解放区的形势和任务，根据学生的身心特点及现实需求，将政治思想要求和科技文化知识借助于教科书的文本形式传播给学生。[②] 总的来说，这一时期的中小学教育注重教学方式与方法，把马列主义的立场、观点和方法渗透于课程学习的过程中，注意把文化学习与思想政治教育结合起来。通过理论学习和现实实践，使中小学生明白中国共产党与广大人民群众的鱼水关系，培养他们的阶级觉悟和革命热情，使其愿意为革命事业奉献一切，并初步掌握马克思主义唯物观、世界观和方法论。

解放战争后期的中小学思想道德教育体现出尊重个性的发展趋势。随着解放战争形势的变化，中国共产党的中小学思想道德教育思想有了更为开阔的探索和实施空间。这一时期的教育理念有着明确的主旨追求：教育内容和教育方法必须切合与实际相联系。教师要善于以身作则，诱导启发，培养学生学习的自觉性。对集体学习也要从辩证的角度加以认识，要意识到集体学习的双面性：在一定范围内有其必要性，但又要注意反对对集体学习的滥用，并且明确规定以后集体学习应限于有关思想教育的课程，每周定为一次。学生学习着重个人钻研，辅之以集体互助，在集体主义精神下，发展学生的个性。

---

① 中央教育科学研究所编：《徐特立教育文集》，人民教育出版社1986年版，第167页。

② 吴洪成、于明珠：《解放战争时期解放区的中小学教科书编辑活动》，《南都学坛》2018年第3期。

概而言之，作为中华人民共和国成立前最重要的历史时期之一，解放战争时期同时也是中国共产党思想道德教育发展史中的重要时期，经此前的酝酿整合，中国共产党的思想道德教育进入到进一步成熟期。在此期间，思想道德教育的优良传统在理论和实践上得到进一步丰富、完善和发展，充分展示了意识的相对独立性和能动作用。[①] 随着革命形势的发展，中国共产党的中小学思想道德教育思想不断调整，亦在调整中不断实现了自我完善，不过所有调整与完善都是在立德与树人理念的引领下完成的。一方面，战时的临时性政策强调德育教育的政治性和现实适用性，为抗战力量的延续提供了保障；另一方面，解放战争后期的政策调整，又使德育教育逐渐从战时的临时性向规范化的思想道德教育模式转变，成为中华人民共和国成立后规范化思想道德教育的雏形，为中华人民共和国进一步探索确立立德与树人理念提供了宝贵的理论与实践资源。

---

① 赖雄麟、陈二祥：《思想政治教育何以能将“精神变物质”——解放战争中的思想政治教育》，《中国矿业大学学报（社会科学版）》2010年第3期。

第二节

建国立制：从"五爱"教育到培养全面发展新人

当前教育是为社会主义建设培养全面发展新人。

——时任教育部副部长林砺儒

1949 年 10 月 1 日中华人民共和国宣告成立，标志着新民主主义革命的基本结束和社会主义建设的开始。中华人民共和国成立初期，我国面临复杂严峻的国内外形势，随着抗美援朝战争取得胜利，国内经济得到恢复和发展，新生政权得以巩固，社会主义改造基本完成，新民主主义实现向社会主义的转变，基本建立了社会主义制度。围绕这些工作，党领导全国人民开展了轰轰烈烈的思想道德教育，取得了卓越的成效。立德与树人理念在理论与实践上获得了新的发展，基本形成了全方位育人、全员育人的特点。

一、国民经济恢复时期的中小学思想道德教育

中华人民共和国成立后，面对着严峻的国际和国内斗争形势，面对中华人民共和国成立初期的复杂形势及种种困难，党和国家的首要任务是领导全国人民完成民主革命的收尾工作，恢复和发展国民经济，巩固新生政权。1949 年 9 月通过的《共同纲领》明确了中华人民共和国成立初期教育是“新民主主义的”，① 这奠定了这段时期我国思想道德教育新民主主义的性质。

为了适应国家的形势和时代发展的需要，《共同纲领》提出“爱祖国、爱人民、爱劳动、爱科学、爱护公共财物”的公德教育。② 中华人民共和国成立之初，新生政权还未完全巩固，国内外都面临严峻的斗争环境，因此，爱国主义的教育成为一切教育的基础 ③，成为

① 《中国人民政治协商会议共同纲领》，《人民日报》1949年9月30日。

② 《中国人民政治协商会议共同纲领》，《人民日报》1949年9月30日。

③ 《第一次全国中等教育会议开幕，将解决中等教育的方针、任务等问题》，《人民日报》1953年3月20日。

中华人民共和国成立初期“最迫切和最重大的教育任务”[①]。徐特立先生认为：“爱祖国为人民最高的公德。”[②]1950 年，朝鲜战争爆发后，中国被迫参战。为配合当时的战争形势，国家广泛开展了抗美援朝的爱国主义和国际主义思想道德教育，在强调爱祖国的同时，也积极提倡爱人民的公德教育。因为中华人民共和国的成立是人民大众积极参加反帝反封建革命的结果，没有人民，就没有国家的独立。徐特立先生认为爱人民既是一种政策，更应该提升为一种意识形态的道德。中华人民共和国成立初期，国家正处于从剥削社会向社会主义社会过渡阶段,社会上还存在着鄙弃劳动、消极怠工等错误思想，然而要快速恢复国民经济，巩固新生政权，实现人民当家作主，就需要全国人民积极地投入到生产劳动之中。为了肃清错误的劳动思想的残余，建立正确的劳动观念，国家积极倡导爱劳动教育。此外，在思想领域依然还存在一些封建的、买办的以及法西斯思想、唯心论和迷信思想，在实践领域用正确思想指引还需要进一步加强。为此，国家大力提倡爱科学的公德教育。徐特立先生指出，对于科学就是要提出马克思主义的普遍真理，就是要理论科学与应用科学密切结合。[③]1951 年 7 月 23 日，蒋南翔在中华全国学生第十五届代表大会上作的《目前学生运动中的几个问题》的报告指出：“马列主义和毛泽东思想是革命行动的指南，也是研究各种科学的指南。”[④] 由此可见，爱科学的内涵就是坚持马列主义毛泽东思想的指引，坚持理论

---

① 《应该重视和办好中等教育》，《人民日报》1951年4月5日。
② 徐特立：《论国民公德（上）》，《人民教育》1950年第3期。
③ 徐特立：《论国民公德（上）》，《人民教育》1950年第3期。
④ 何东昌主编：《中华人民共和国重要教育文献（1949—1975）》，海南出版社1998年版，第102页。

与实际相结合的原则。中华人民共和国成立初期，我国的产业发展非常落后，没有原始积累，光靠剩余价值的积累远远不够。必须大力发展生产，厉行节约，反对一切浪费，增加我们的积蓄。因此党和国家大力提倡爱公共财物的公德教育，以此保障在大力发展生产的同时，一切公共财物都能够得到合理的利用。总之，基于国家当时的形势和时代发展的需要，“五爱”国民公德教育成为了中华人民共和国成立初期我国思想道德教育的主要内容。

同时，为配合党和国家开展的政治运动，中小学开展了一系列的思想道德教育工作。土地改革运动开展时，为了使师生了解土地改革的目的要求和方针政策，树立劳动光荣、剥削可耻的思想，土改的政策法令成为了中小学思想道德教育的重要内容。如华东军政委员会教育部规定：“应将土改教育作为政治教育的中心内容。”针对国内反革命活动猖獗的情况，1950 年国家开展了镇压反革命运动，全国各地中小学开展了镇压反革命的思想教育，教育青少年学生分清敌我，保卫祖国。例如，共青团上海市工委提出要通过各种形象化的活动对少年儿童进行镇压反革命教育。[①]1951 年底到 1952 年秋，党和国家开展了“三反”“五反”运动。中小学配合运动，也积极开展了一系列反对浪费、厉行节约的思想道德教育可见，结合当时的政治运动，土地改革教育、镇压反革命教育、“三反”“五反”教育等内容成为了中小学思想道德教育的重要内容。

为了落实党和国家对中小学思想道德教育的要求，教育部积极响应，在继承解放区优良传统和借鉴苏联经验的基础上，通过开设

---

① 吕型伟主编：《上海普通教育史（1949–1989）》，上海教育出版社1994年版，第65页。

政治课和各学科教学，发挥各方力量来落实思想道德教育。

思想道德教育课是进行思想道德教育的主要途径。为此，教育部先后发布方案和通知，对中小学思想道德教育课作出相关规定。1950 年，教育部规定在初高中各学年均设政治课。①1951 年 6 月，教育部发出通知，取消了政治科目名称，改为其他名称，并且对高中各年级教材作出相关规定。②1951 年 11 月 29 日，教育部规定从初中一年级到高中三年级均增设时事政策课。③1952 年，教育部规定，初三设中国革命常识课，每周 2 课时，初中均设时事政策课，每周 1 课时；高一、高二设社会科学基础知识课，每周 2 课时，高三设共同纲领课，每周 1 课时，高中均设时事政策课，每周 1 课时。④ 至此，学校思想道德教育课内容的大体框架确定下来。

通过各学科进行思想道德教育是本阶段中小学思想道德教育的重要途径。例如，北京市重视通过音乐教学开展爱国主义教育，歌颂祖国和伟大领袖，宣传抗美援朝、保卫和平、增产节约等思想的歌曲成为音乐教材的主要内容。⑤ 北师大附中在工作计划中明确指出通过其他学科进行爱国主义、辩证唯物主义等教育。⑥

在开展思想道德教育的同时，国家还积极探索改革教育的方式

---

① 何东昌主编：《中华人民共和国重要教育文献（1949—1975）》，海南出版社1998年版，第49页。

② 何东昌主编：《中华人民共和国重要教育文献（1949—1975）》，海南出版社1998年版，第98页。

③ 吴履平主编，课程教材研究所编：《20世纪中国中小学课程标准·教学大纲汇编——思想政治卷》，人民教育出版社2001年版，第195页。

④ 何东昌主编：《中华人民共和国重要教育文献（1949—1975）》，海南出版社1998年版，第141页。

⑤ 《北京市一九五二年度中学音乐教学提纲（草案）》，147-3-6，北京市档案馆藏。

⑥ 北京师大附中编：《北京师大附中》，人民教育出版社2000年版，第289页。

和方法。例如，此阶段提出了思想道德教育要充分发挥课堂教学的作用，要结合实践情况采取学生易于接受的方法，要充分发挥其他各学科的教育作用等主张。[①] 这对全国各地中小学思想道德教育教学起到普遍指导作用。

本阶段的思想道德教育积极地发挥了各方面的力量。各中小学内的党、团、队及学生会等组织的进一步确立完善，也对思想道德教育的改革发挥了重要作用。随着国家政权的逐步稳定，各地中共地下党组织陆续公开，党支部对思想道德教育发挥了积极作用。[②] 同时，新民主主义青年团有计划地组织团员开展活动，产生了很好的效果，成为了开展学生思想道德教育的重要力量，团的报刊也已成为宣传思想道德教育的有力武器。[③] 中国少年先锋队是吸收先进少年儿童的组织,在中小学思想道德教育工作中起到了积极的榜样和感召作用。能够加入中国少年先锋队成为了中小学生的殊荣。当时的一名小学生回忆自己加入少年先锋队时的情形说："这是我有生以来最动感情的一天，我把这一天当成我的政治生活的开始……在那个时刻为共产主义而奋斗的信念早已铭记在我心中！"[④] 由此可见，加入少年先锋队组织本身对少年儿童所起到的积极的思想道德教育作用有多重大。

---

① 刘英杰主编：《中国教育大事典（1949—1990）》上册，浙江教育出版社1993年版，第394页。

② 金铁宽主编：《中华人民共和国教育大事记》第一卷，山东教育出版社1995年版，第14页。

③ 《中国新民主主义青年团的宣传教育工作》，《人民日报》1953年7月2日。

④ [美]阿妮达·陈：《毛主席的孩子们——红卫兵一代的成长与经历》，史继平、田晓菲、穆建新译，渤海湾出版公司1988年版，第14页。

二、社会主义改造时期的中小学思想道德教育

经过三年的恢复和发展，社会主义因素在不断增长，非社会主义因素不断受到限制和改造。1953 年，根据过渡时期的总路线，我国开始进行社会主义改造。中小学思想道德教育的性质随之发生相应的变化。

1954 年 1 月，教育部副部长林砺儒指出："当前教育是为社会主义建设培养全面发展新人。"[①] 中央文化教育委员会秘书长钱俊瑞指出："思想道德教育的任务是扩大和加强社会主义思想阵地。"[②] 由此可见，中小学思想道德教育的重点开始由新民主主义教育转向社会主义教育。1954 年 4 月，《政务院关于改进和发展中学教育的指示》规定："思想道德教育目的在于树立社会主义的政治方向，培养唯物主义世界观和共产主义道德。"[③] 由此，确立了此阶段思想道德教育的性质是社会主义的。

过渡时期的总路线教育是此阶段思想道德教育的主要内容。为了坚定社会主义的方向，更好地进行三大改造，针对学生中出现的偏重知识学习、轻视体力劳动、集体意识淡薄、学校纪律松散等实际情况，1954 年 4 月，政务院提出中学教育要培养集体主义、爱国主义精神，加强劳动和自觉纪律教育。[④] 同时，各地中小学结合时事

① 何东昌主编：《中华人民共和国重要教育文献（1949-1975）》，海南出版社1998年版，第278页。

② 何东昌主编：《中华人民共和国重要教育文献（1949-1975）》，海南出版社1998年版，第288-289页。

③ 何东昌主编：《中华人民共和国重要教育文献（1949-1975）》，海南出版社1998年版，第306页。

④ 何东昌主编：《中华人民共和国重要教育文献（1949-1975）》，海南出版社1998年版，第305页。

政治课，对学生进行方针政策的教育。此外，学校还组织学生参加集体劳动，开展三大改造的宣传活动。这些教育不仅增强了学生对三大改造的了解，还坚定了学生的共产主义信念，提升了学生的爱国主义精神，增强了学生的劳动观念、集体意识和纪律意识。

随着社会主义改造运动的开展，两条道路斗争日趋尖锐，党中央提出学校要增加辩证唯物主义与历史唯物主义观点的教育，① 同时还要求教师必须认真学习唯物主义思想，批判资产阶级唯心主义思想。② 这些教育加强了广大师生对唯物主义理论的认识，帮助学生进一步划清社会主义和资本主义的界限，为社会主义建设奠定了坚实的思想基础。

时事政治教育和宪法教育始终是思想道德教育的重要内容。1953 年 2 月 13 日，《关于中学时事政策课的教学如何改进的指示》对时事政策课的辅助教材、课时、授课方法、教学制度作出了详细的规定。③ 比如，规定了《中国少年报》《时事手册》《中国青年报》等为初高中时事政策学习的辅助材料，教师应经常了解学生的思想状况，结合学生的思想实际讲述内容，必要时可请当地党政领导机关派人来校作问题解答或时事报告，通过时事测验和报告来检验学习成绩等。时事政策学习，使学生及时了解国家的政策方针、关注国内外重大事件，对国家前途和国际形势保持敏锐的感知，极大地提高了学生的政策水平、政治觉悟和爱国精神。1954 年 9 月 20 日，我国通过并公

---

① 何东昌主编：《中华人民共和国重要教育文献（1949–1975）》，海南出版社 1998年版，第421页。

② 何东昌主编：《中华人民共和国重要教育文献（1949–1975）》，海南出版社 1998年版，第446页。

③ 何东昌主编：《中华人民共和国重要教育文献（1949–1975）》，海南出版社 1998年版，第194页。

布了《中华人民共和国宪法》，教育部于10月发出在本学期内全国师生要了解宪法的基本精神的通知。[①] 对于《宪法》的学习，让广大师生充分了解了我国根本大法的基本内容，深切认识到其与自身的密切关系，从而促使广大师生更好地遵守、贯彻、履行宪法赋予的权利和义务。

由于学习了苏联的教育经验，所以中小学思想道德教育主要依靠课内各学科教学和课外活动来进行。当时各学科的教学目标一般都有教养与教育两方面要求。例如，1956 年教育部颁布的《中学文学教学大纲（草案）》，强调教育任务是在完成教养任务的过程中完成的。[②] 课外活动的思想政治教育获得高度重视。1954 年 6 月，教育部和青年团中央联合发出“为儿童创造校外活动的条件”的通知。[③]1955 年 3 月 3 日，青年团中央书记处书记胡克实在第三次全国少年儿童工作会议上提出了“必须充分运用和适当建立儿童校外教育机关”的要求。[④] 到 1956 年，全国各地已经建立起了 130 多处儿童校外教育机构。[⑤] 同时，国家还强调家庭教育的重要意义。1956 年 11 月 28 日，《人民日报》发表文章强调家长对子女道德教育的责任，号召“使家庭教育和学校教育密切地结合起来”。[⑥] 此外，中小学继

---

① 何东昌主编：《中华人民共和国重要教育文献（1949—1975）》，海南出版社 1998年版，第460页。

② 曹文趣主编：《中学语文实用大全》，浙江教育出版社2000年版，第15页。

③ 《中央教育部、青年团中央〈关于加强少年儿童暑期活动的领导的通知〉》，《人民日报》1954年6月27日。

④ 何东昌主编：《中华人民共和国重要教育文献（1949—1975）》，海南出版社 1998年版，第430—431页。

⑤ 《培养少年儿童多方面的兴趣，全国已有一百多处儿童校外教育机关》，《人民日报》1956年5月27日。

⑥ 《家长对子女道德教育的责任》，《人民日报》1954年11月28日。

续发挥共产党、青年团、少先队等组织作用，高度重视班主任在思想道德教育中的主导作用。总之，学科教学、课外活动、家庭教育、学校教育各方力量的参与，增强了德育教育效果。

在强化各学科和课外活动育人功能的同时，政治课逐步被弱化。1953 年 7 月，教育部发文取消初一的政治课。[①]1954 年 7 月教育部决定暂不开设初二中国革命常识课[②]。1955 年 6 月，教育部决定高中社会科学常识学科停授一学期。[③]1956 年 8 月，中共中央宣传部同意暂停初三政治常识课、高中社会科学常识课。[④]至此，中学政治课除高中宪法课外，其他年级政治课均停开。[⑤]政治课的弱化影响了学生对马克思主义理论的系统学习。

随着《小学生守则》和《中学生守则》以及相关实施指示的颁布，中小学广泛开展学生守则教育，以规范学生行为准则，促使其养成优良的习惯和品质，增强爱国热情、集体意识和纪律意识。针对当时鄙视体力劳动和体力劳动者的思想，1954 年，国家相关部门多次发文强调要加强劳动教育，明确“体力劳动是一切劳动的基础”。[⑥]劳动教育的加强，不仅为学生毕业后的就业做好了准备，而且在一定程度

---

① 吴履平主编，课程教材研究所编：《20世纪中国中小学课程标准·教学大纲汇编——课程（教学）计划卷》，人民教育出版社2001年版，第219页。

② 吴履平主编，课程教材研究所编：《20世纪中国中小学课程标准·教学大纲汇编——课程（教学）计划卷》，人民教育出版社2001年版，第227页。

③ 吴履平主编，课程教材研究所编：《20世纪中国中小学课程标准·教学大纲汇编——课程（教学）计划卷》，人民教育出版社2001年版，第239页。

④ 金铁宽主编：《中华人民共和国教育大事记》第一卷，山东教育出版社1995年版，第353页。

⑤ 刘英杰主编：《中国教育大事典（1949–1990）》上册，浙江教育出版社1993年版，第390页。

⑥ 何东昌主编：《中华人民共和国重要教育文献（1949–1975）》，海南出版社1998年版，第330–334页。

上改变了学生对劳动的看法,使新的劳动品德在学生头脑中逐渐形成。榜样教育是社会主义改造时期思想道德教育的重要形式，这正符合青少年崇敬英雄、积极上进的心理特点。当时，学校通过各种途径全方位地宣传英雄人物。黄继光、刘胡兰、董存瑞、邱少云等为革命胜利英勇献身的人物成了学生所熟悉和尊敬的榜样。1953 年 6 月，毛泽东提出“青年人要身体好学习好工作好”。[①] “三好”榜样对中小学生起到了极大的感召作用。

三、中华人民共和国成立初期立德与树人理论与实践的特征和经验

中华人民共和国成立初期的中小学思想道德教育顺应形势的发展，在继承过去优良传统和借鉴苏联教育经验的基础上取得了长足的发展。这一时期是立德与树人理念不断发展的关键时期，中小学思想道德教育主要呈现出以下特征：

第一，思想道德教育中树人的目标进一步明确。1951 年 3 月，第一次全国中等教育会议首次明确智、德、体、美全面发展为教育目标。[②]1952 年 3 月，教育部明确小学教育旨在“给儿童以全面的基础教育”。[③]1954 年 1 月，林砺儒提出中学教育的任务是培养全面发展的新人。[④] 可见，思想道德教育是“全人教育”的重要组成部分，

---

① 中共中央文献研究室编:《毛泽东著作专题摘编》上册，中央文献出版社2003年版，第1108页。

② 《第一次全国中等教育会议开幕，将解决中等教育的方针、任务等问题》，《人民日报》1951年3月20日。

③ 何东昌主编:《中华人民共和国重要教育文献（1949—1975）》，海南出版社1998年版，第142页。

④ 何东昌主编:《中华人民共和国重要教育文献（1949—1975）》，海南出版社1998年版，第277页。

其终极目标在于为社会主义社会培养全面发展的人。

第二，思想道德教育中立德的内涵进一步丰富。中华人民共和国成立初期的思想道德教育内容既包含了个人发展层面的品德教育，如谦逊、诚实、勇敢等，也包括社会层面的公德教育，如劳动教育、集体教育、纪律教育、秩序教育等，还包括国家层面的思想政治教育，如社会主义、爱国主义教育等。此阶段思想道德教育所立之德，是大德和全德，它既关注个人主体的品德发展，也关注个人发展对社会和国家发展的重要意义，立德的内涵在此阶段得以进一步丰富。

第三，思想道德教育呈现出全员育人、全方位育人的特点。在学校内部，以课堂教学为中心，通过政治课和各学科教学来落实思想道德教育，充分发挥班主任、青年团组织、少先队等各方面的力量来加强思想道德教育。同时强调校内外教育相结合，主要表现为结合当时的政治运动来开展思想道德教育，通过生产实践等课外活动方式来加强思想道德教育，通过加强校外教育机构如少年宫、图书馆等的建设，及营造良好家庭教育环境等形式来构建思想道德教育大环境。

第四，中小学思想道德教育在实践中不断认识到遵循立德与树人规律的重要性。首先，思想道德教育遵循思想道德教育本身的规律。例如，蒋南翔明确指出，学习马列主义毛泽东思想有其自身的规律，它具有长期性。[①] 其次，思想道德教育遵循儿童身心发展的规律，在思想道德教育内容设置和实施方式上要充分考虑学生的年龄差异和接受能力。例如，在开展抗美援朝教育时就提出要根据学生的思

① 何东昌主编：《中华人民共和国重要教育文献（1949—1975）》，海南出版社1998年版，第102页。

想情况、接受能力，采取适合学生的方式和方法。[1]

第五，重视思想道德教育的师资培养。中央曾指示应挑选比较适当的人担任大学和中学的政治教员。[2] 各大行政区域应当设立政治教育系或政治教育专修科，培养中等学校政治理论课的师资力量。[3] 可见，党和国家对教师队伍的建设非常重视。

这一时期我国中小学思想道德教育是生机勃勃且富有实效的，其探索与实践为我们今后的思想道德教育积累了许多成功的经验。

第一，中小学思想道德教育应该立足立德与树人的目标，避免将思想道德教育搞成政治运动。尽管中华人民共和国成立初期的思想道德教育内容与当时的时事政治结合比较密切，有着非常鲜明的政治色彩，然而国家在开展中小学思想道德教育时，能够理性地坚持立德与树人的目标，及时地纠正在学校大搞政治运动的错误做法，从而保证了学生在学校得到真正的全面发展。

第二，中小学思想道德教育应该充分尊重立德与树人的规律。国家在高度重视思想道德教育的同时，认识到思想道德教育的长期性，对思想道德教育过程中一些急躁和冒进的错误做法进行了及时的纠正，提出有计划、有步骤开展思想道德教育的主张。同时，中华人民共和国成立初期的思想道德教育充分尊重学生的身心发展规律，在思想道德教育的内容设置和实施方式上充分考虑学生的年龄差异和接受能力，从而取到很好的效果。

---

① 《开展抗美援朝的政治教育》，《人民教育》第二卷第1期。

② 中共中央宣传部办公厅、中央档案馆编研部编：《中国共产党宣传工作文献选编（1949—1956）》，学习出版社1996年版，第281页。

③ 《建国以来重要文献选编》第三册，中共中央文献出版社，2011年版，第280页。

第三，应该处理好思想道德教育课育人和各学科育人相互渗透的关系。中华人民共和国成立初期，不仅通过思想政治课来对学生加强思想道德教育，同时还在学习苏联教育经验的基础上，关注到各学科的思想道德教育功能。然而在社会主义改造时期，政治课曾经一度被取消，失去了其独立地位，导致了学生政治理论的缺失，这便启示我们需要确立政治课的独立地位，处理好学科育人与全学科育人的关系。

第四，应该充分发挥各方力量，形成思想道德教育合力，实现全员育人和全方位育人。中华人民共和国成立初期，除了在学校内建立起了在党的领导下，由班主任、团、队等各方面共同联合的思想道德教育实施体系，还高度重视思想道德教育与校外实践生活的联合，重视学校教育和家庭教育的结合，这为后来全员育人、全方位育人思想的确立奠定了理论基础，提供了丰富的实践经验。

总而言之，中华人民共和国成立初期的前七年，随着国家形势的变化和时代的发展，党和国家的中小学思想道德教育顺应时代发展的潮流，遵循思想道德教育发展的规律，积极做出调整和改进，取得了长足的发展。一方面增强了中小学生思想道德教育的实效性，为国家的发展提供了坚实的思想保障；另一方面，立德和树人的理念得以进一步发展，在实践层面体现出尊重发展规律，全方位、全员育人的特点，这为思想道德教育的进一步发展奠定了基础。

第二节

破资立社：培养无产阶级革命接班人

我们的教育方针，应该使受教育者在德育、智育、体育几方面都得到发展，成为有社会主义觉悟的有文化的劳动者。

——毛泽东

1956 年，我国进入了全面建设社会主义时期。随着反右派斗争的开始，“左”倾思想占据上风。1958 年，随着“大跃进”和人民公社化运动的开展，“左”倾错误泛滥。党中央多次召开会议，纠正人民公社化过程中出现的问题，但未能根本解决问题。1959 年全国开展了“反对右倾机会主义”的斗争，“左”倾错误继续延续。中小学思想道德教育在这一时期受国内形势的影响进入了一个曲折发展时期。1961 年党中央提出“调整、巩固、充实、提高”的方针，对国民经济进行了坚决的、全面的调整。在这一时期，中小学思想道德教育有了积极的探索和发展。1962 年 9 月 24 日至 27 日，中共八届十中全会在北京举行，提出了继续贯彻“八字方针”、继续调整国民经济的正确政策，号召全党认真贯彻以农业为基础、以工业为主导的方针。这对克服当时的困难起到了积极的作用。但是，全会对国内的阶级斗争形势做出了错误的判断，把阶级斗争问题当成了会议主题。党的八届十中全会以后，各个领域开始抓阶级斗争问题。随着国际形势的改变，党中央开展了“反修防修”运动。中小学思想道德教育在这些思想的影响下陷入“以阶级斗争为纲”的迷误之中。纵观全面建设社会主义时期中小学思想道德教育，虽然受到“左”倾思想和政治运动的不断干扰，但是由于始终坚守为社会主义、共产主义培养全面发展的人的核心，思想道德教育取得了进一步的发展，立德与树人的内涵得以进一步丰富和充实。1966 年 5 月至 1976 年 10 月发生了“文化大革命”。尽管毛泽东发动这场大革命的出发点是为了防止资本主义复辟、维护党的纯洁性，寻找中国自己的社会主义道路，但是，由于对社会主义阶段主要矛盾的判断失误，最终导致这场革命出现了根本性、全局性的错误。林彪、江青反革命集团为了达成篡党夺权的目的，利用毛泽东的“左”倾错误，一方面推行极左思想，歪曲马克思列宁主义、毛泽东思想，否定中华人民共和国成立 17 年来思想道德教育的正确原则、基本内容和科学方法；另一方面大肆宣扬唯心史观，制造个人崇拜，鼓吹“突出政治”，取消党的领导，大搞无政府主义和“革命大批判”等，引起了国内思想混乱，使思想道德教育失去了正确的方向，严重破坏了过去积累的优良传统，降低了思想道德教育的实效性，导致立德与树人理念发展面临困境，进入了误区。

一、全面建设社会主义时期立德与树人理论与实践的坚守和传承

全面建设社会主义时期，我国的中小学思想道德教育尽管因为政治形势的变化而经历了不同的发展阶段，走过了一段曲折发展的道路，但是始终坚持为社会主义立德和树人的理念，仍然取得了显著的成效。

（一）“左”倾政治运动背景下的中小学思想道德教育

1957 年 2 月，毛泽东在《正确处理人民内部矛盾的问题》一文中，明确提出“我们的教育方针，应该使受教育者在德育、智育、体育几方面都得到发展，成为有社会主义觉悟的有文化的劳动者”①。1957 年 2 月教育部提出：“劳动教育应和爱国主义、集体主义、纪律、社会主义前途的教育，以及艰苦奋斗、勤俭建国的教育结合起来。”②1957 年 3 月，第三次全国教育行政会议强调政治思想教育是学校教育的灵魂，应该培养学生的共产主义人生观和道德品

---

① 《毛泽东文集》第七卷，人民出版社1999年版，第226页。
② 杨学为主编：《高考文献（上）（1949—1975）》，高等教育出版社2003年版，第237页。

质，使他们成为社会主义社会全面发展的人才，着重培养学生艰苦奋斗的精神，加强劳动教育和纪律教育，政治思想教育要密切结合当前国家的政治任务和学生的思想实际，时事政策教育要做到经常化。1957 年，国务院报告指出："思想政治工作的目的是培养有社会主义觉悟的、有文化的、身体健康的劳动者。"①1958 年 2 月，教育部副部长董纯才指出："作为学校教育灵魂和统帅的思想政治教育，就是要破资立社。"② 这些讲话和文件既明确了思想道德教育的重要地位和具体内容，又进一步明确了思想道德教育树人的目的。

为了加强思想道德教育，思想道德教育课的独立地位也得以恢复。针对当时一些学生忽视政治学习的倾向，党中央和毛主席认识到要加强思想道德教育工作，必须设立独立的政治科目。1957 年 3 月，毛泽东提出，要加强学校政治思想教育，"中学应当有政治课"。③1957 年 6 月，教育部决定初高中各年级增设政治课。④1957 年 8 月，教育部发出在中等学校正式恢复政治课的通知。⑤1959 年 7 月，第一个全国性的中学思想政治课教学大纲颁布，规定中学各年级的课程。

政治课的内容随着运动形势而发生了改变。1957 年 8 月教育部和团中央发出通知，将原定政治课内容改为进行以反右派为中心的

---

① 周恩来：《1957年国务院政府工作报告》，《人民日报》1957年6月27日。

② 《加强思想教育、劳动教育，提倡群众办学、勤俭办学，教育部副部长董纯才谈普通教育工作的方针》，《人民日报》1958年2月15日。

③ 《毛泽东文集》第七卷，人民出版社1999年版，第247页。

④ 何东昌主编：《中华人民共和国重要教育文献（1949—1975）》，海南出版社1998年版，第764—766页。

⑤ 何东昌主编：《中华人民共和国重要教育文献（1949—1975）》，海南出版社1998年版，第783—785页。

社会主义教育。[1]1958年3月，教育部正式将政治课改为社会主义教育。[2]1958年提出“三面红旗”教育。1958年9月，中共中央要求高中等学校师生学习党的会议及文件精神，开展反右倾机会主义、保卫总路线的学习。[3]

这一时期，思想道德教育注重教育与政治运动、劳动生产和生活实际相结合，突出特点是特别重视通过劳动教育来开展思想道德教育。1957年6月，周恩来提出，应该逐步加强劳动教育。[4]这就从教育方针上体现了加强劳动教育的重要性。从1958–1959学年度起，初、高中各年级都开设生产劳动课，以促进学生智力和体力的全面发展。勤工俭学也是劳动教育的方式之一。1958年2月，教育部发出提倡勤工俭学的通知，指出各地教育行政部门应重视半工半读，勤工俭学。[5]同年3月，教育部召开第四次全国教育行政会议，指出勤工俭学是培养劳动者的重要措施，[6]进一步肯定了勤工俭学的意义和作用。勤工俭学使学生得到锻炼的同时，也让他们养成了劳动习惯，习得了劳动技能，培养了热爱劳动的感情。

根据一定时期的政治运动、重大事件向学生进行思想道德教育，是这段时期思想道德教育的又一特点。比如，根据整风运动和反右

---

① 《培养社会主义的中学生，教育部、团中央通知改变政治课内容，进行以反右派为中心的社会主义教育》，《人民日报》1957年8月29日。

② 何东昌主编：《中华人民共和国重要教育文献（1949–1975）》，海南出版社1998年版，第806页。

③ 金铁宽主编：《中华人民共和国教育大事记》第一卷，山东教育出版社1995年版，第514–515页。

④ 周恩来：《政府工作报告（之三）》，《人民日报》1957年6月27日。

⑤ 何东昌主编：《中华人民共和国重要教育文献（1949–1975）》，海南出版社1998年版，第799页。

⑥ 《促进文化革命，在普及中提高，第四次全国教育行政会议提出教育任务》，《人民日报》1958年4月10日。

派斗争形势的需要，各年级政治课也以反右派斗争为主要内容。在大炼钢铁运动中，全国师生通过鼓动宣传、实践参与积极投入大炼钢铁运动，把个人和祖国的命运紧密联结在一起。

同时，本时期更加重视通过课外校外活动来贯彻思想道德教育。少年宫教育作为一种新的校外教育模式，开始走上正轨。1957 年 4 月 12 日，青年团中央联合教育部制定了《关于少年宫和少年之家工作的几项规定》，使各级各类少年宫和少年之家的工作有了统一的准则。为了更快地在全国普遍建立少年儿童的校外教育场所，1958 年 5 月 30 日，《人民日报》发表了评论员文章，指出儿童的校外教育，是每个父母、学校和社会各方面共同的责任，人人有责；解决少年儿童的校外活动场所也应当是群策群力，大家来办；呼吁发动群众、社会团体多办简易、经济、实用的少年俱乐部之类的儿童校外教育机关。[①] 这是《人民日报》首次把大办校外教育的重要性和迫切性明确地摆在全国人民面前。此后，一个全社会关心少年儿童校外生活的风气开始在全国初步形成。

此外，这段时期依然重视班主任和共青团、少先队等团队组织的作用。1958 年 4 月，教育部对社会主义教育过程中班主任工作和学校共青团和少先队工作提出了明确意见。

总之，由于始终坚守为社会主义和共产主义立德与树人的理念，这段时期的思想道德教育依然收效甚大。通过开展社会主义思想道德教育，学生的政治思想面貌发生了深刻变化，这主要表现在：对大是大非问题有了较为明确的认识，社会主义思想觉悟大大提高；基本上扭转了过去重文化轻政治的学习观点；学生们普遍关心政治，要

① 《大家都来办儿童校外教育机关》，《人民日报》1958年5月30日。

求进步；很大程度上扭转了轻视体力劳动的观点，初步树立了劳动光荣的思想，激发了热爱劳动的思想情感，不少学生积极地参加各种劳动，不计时间，不计条件，不考虑报酬的共产主义劳动态度的萌芽已经出现；对党的领导的态度、认识上也有了很大提高，多数学生能够听党的话，党指向哪里就奔向哪里。

（二）调整背景下的中小学思想道德教育

由于“大跃进”和“反右倾”的错误，加上自然灾害和苏联撤销对我国的援助，我国国民经济遭遇严重困难。中共中央认真调查研究，并于1961年1月中共八届九中全会决定实行“调整、巩固、充实、提高”的方针。1962年1月11日至2月7日，中共中央召开扩大的中央工作会议（通常称七千人大会），进一步反思教训，统一认识，增强团结，以战胜困难。会后，对国民经济开始进行大刀阔斧的调整，还对在“反右倾”等运动中被错判或基本错判的县处级以下干部，给予甄别平反。1962年底，农业生产开始回升，国家财政收支平衡，全国600多万人得到平反。在纠正“左”倾错误的同时，党中央还着手调整和加强了中小学思想道德教育的工作。

根据“八字”方针的要求，1963年3月，中共中央批转试行《全日制中学暂行工作条例（草案）》，规定了中学思想政治教育的根本任务、基本内容组织形式和基本方法。[①] 它的颁布使中学思想道德教育日益制度化、规范化。

1962年5月3日，中共中央批转《共青团中央关于加强城市青少年共产主义道德教育的报告》，指出向青少年进行共产主义道德教

① 何东昌主编：《中华人民共和国重要教育文献（1949-1975）》，海南出版社1998年版，第1155-1159页。

育是共青团的一项经常的根本任务，要把道德教育作为全民的社会主义教育的一个组成部分，要在中小学增加道德教育内容，采用适合青少年年龄特点和兴趣的方法，培养儿童的良好品德，加强青少年的共产主义道德教育，树立良好的社会风气。① 可见思想道德教育和品德教育在本阶段开始受到了高度重视，初步纠正了50年代后期中小学思想道德教育工作中一味突出政治思想教育的偏向。

为了落实思想道德教育的要求，国家高度重视政治课的作用。1961年，教育部发出《关于改进中等学校思想政治课教学的意见》，明确指出思想政治课是思想政治工作的重要组成部分，是进行思想政治、道德品质教育的重要途径。②1961年8月，教育部对1961–1962学年度中等学校政治课教学用书做出了明确规定，其中包括《道德品质教育》《社会发展简史》等。③ 根据1959年的《大纲》和1961年的《意见》，教育部组织30多位专家编写了政治课的统编教材。1961年秋季，《道德品质教育》《社会发展简史》《辩证唯物主义常识》三门课开始在全国范围使用统编教材。1963年7月31日，教育部规定中学的政治课按年级分别设置不同课程。除了基本政治理论外，还要对学生进行形势任务教育和党政文件讲解。④ 由此可见，这段时期是思想道德教育课程发展的黄金时代，基本形成了完整的学科体系。

---

① 何东昌主编：《中华人民共和国重要教育文献（1949–1975）》，海南出版社1998年版，第1089页。

② 吴铎、彭承福主编：《中学思想政治课教学法》，高等教育出版社1991年版。

③ 何东昌主编：《中华人民共和国重要教育文献（1949–1975）》，海南出版社1988年版，第1058页。

④ 何东昌主编：《中华人民共和国重要教育文献（1949–1975）》，海南出版社1988年版，第1205页。

此外，本阶段依然重视各科教学的思想道德教育作用，同时开始重视学科教学自身特点作用的发挥。比如语文学科是政治性、思想性较强的学科，当时的中小学语文课文，绝大部分都有着较强烈的政治性。与此同时，各大报纸也对如何处理语文学科知识教育和思想政治教育的关系进行了激烈的讨论。如 1961 年 10 月 20 日《人民日报》刊发文章，号召将语文的基础知识教育与思想政治教育做到“对立的统一，不应该割裂，不应该偏废”。

这一时期的思想道德教育强调榜样教育、劳动教育、日常规范教育和课外校外教育，形成了更加广泛的思想道德教育网络。在学校里，政治课、各学科课、班级教育、团队活动等都是思想道德教育的重要渠道。在党支部领导下，各级学校形成了多管齐下、人人德育的教育网络。例如，北京一零一中学 1958 年在学校党支部委员会领导下成立了思想政治工作领导小组。1961 年在行政机构中建立了思想政治教育处。[①] 另外，许多学校通过开展“忆苦思甜会”来发扬艰苦奋斗精神，通过聘请老工人、老农民来学校讲述他们自身的经历，对中小学生进行思想道德教育。一位当时的在校学生回忆道：“我们围坐在老人身边，泪流满面地听他讲述过去的事情。然后我们和着眼泪咽下用树皮草根做的忆苦饭。我们红肿着眼睛，把它全部吃光，我们是那么受感动，我们哭了又哭！”[②]

榜样教育也是学校思想道德教育的特点。这一时期开展的最广泛、影响最大的是学雷锋活动。1963 年 2 月 15 日，共青团中央发出学习

① 王毓龙主编：《圆明春雨育英才——北京一零一中学校史》，航空工业出版社1995年版，第32页。

② [美]阿妮达·陈：《毛主席的孩子们——红卫兵一代的成长与经历》，史继平、田晓菲、穆建新译，渤海湾出版公司1988年版，第70页。

雷锋的通知。3 月 5 日，毛泽东、周恩来、邓小平等领导同志为雷锋同志题词，号召全国人民学雷锋。全国范围内迅速形成了学习雷锋的热潮。学雷锋活动培养了青少年高尚的思想道德情操。学生中助人为乐、团结互助、拾金不昧、关心集体等好人好事屡见不鲜。1964 年 1 月 2 日，上海虹口区光华印绸厂发生大火，附近中学的师生 1300 余人，奋勇投入抢救。[①]

通过生产劳动对学生进行思想教育依然是学校思想道德教育工作的重要组成部分。在劳动教育中，各地中小学都积累了丰富的经验。例如，北京师范大学附中提出的坚持劳动表彰制度和劳动评定制度取得了良好的效果。[②]

守则教育依然是学校思想道德教育的重要组成部分。教育部在 1963 年重新拟定了《中学生守则》和《小学生守则》，学生守则的普遍实施，对于培养学生良好的道德风尚和文明行为起到了积极作用，帮助学生在学校、家庭、社会、日常生活中掌握了正确的行为规范，懂得了做人的道理，养成了良好的品德和习惯。

在此时期，依然重视课外活动、校外机构、家庭教育的思想道德教育作用。1961 年 12 月，湖北省教育厅副厅长柳林在中共武汉市委召开的普通教育工作会议上的讲话中提出："思想政治教育要做到学校、社会、家庭三结合。"[③]《人民日报》1963 年 6 月 3 日刊文，介绍了全国各地重视对少年儿童的校外教育工作情况，其中提到北

---

① 《中国教育年鉴》编辑部编：《中国教育年鉴（地方教育）（1949—1984）》，湖南教育出版社1986年版，第415页。

② 刘超：《师大附中办学的一些历史情况、经验和问题（节选）》，北京师大附中编：《北京师大附中》，人民教育出版社2000年版，第335页。

③ 湖北省教育委员会编：《湖北教育年鉴（1949—1987）》，武汉大学出版社1991年版，第155页。

京市到 1963 年共有少年宫、少年科学技术馆、少年之家、少年儿童活动站等少年儿童校外活动场所 170 多处。为了加强校外教育工作，党中央决定加强校外辅导队伍的建设。1963 年 10 月 18 日，中共中央提出要加强少年儿童校外教育和整顿中小学教师队伍。[①]

总之，在调整改进的背景下，我国思想道德教育依然坚持社会主义培养全面发展劳动者的目的，思想道德教育的内涵突破政治思想教育的藩篱，开始重视道德品质教育，思想道德教育课的学科体系进一步完善，实施途径进一步扩大，形成了各部门齐抓共管思想道德教育的局面，极大地提升了学生的思想政治觉悟，促进了学生共产主义道德品质的快速形成。

（三）“反修防修”背景下的中小学思想道德教育

“反修防修”运动开始后，阶级斗争在教育领域得以强化。但是这个阶段思想道德教育的出发点和目的依然坚守了为共产主义、社会主义立德与树人的理念，其目的和出发点是“保证我国社会主义建设事业的顺利发展”。[②] 因此，立德与树人的理论和实践在本阶段依然得到了进一步的发展。

批判资产阶级思想是这段时期思想道德教育的主要内容。1963 年 10 月，《人民教育》发表文章，掀起了一场关于“母爱教育”的讨论和批判。批判者指出，爱是有阶级性的，教师对儿童的热爱应是为无产阶级政治服务的，应用无产阶级思想品德教育学生。[③] 当时，批判者认为，片面追求升学率，不继续进行教育战线上的社会主义

---

① 刘英杰主编：《中国教育大事典（1949—1990）》上册，浙江教育出版社1993年版，第642页。

② 《建国以来重要文献选编》第16册，中央文献出版社1997年版，第171页。

③ 《斯霞和孩子》，《人民日报》1963年5月30日。

革命，不能使教育为我们的无产阶级政治、为我们的社会经济基础服务。[1] 这为此后中小学思想政治教育中日益政治化的发展奠定了舆论基础。

随着“反修防修”形势的发展，无产阶级接班人教育成为思想道德教育的重要内容。1964 年 6 月，毛泽东对无产阶级革命事业接班人提出了五点标准：马列、人民、多数、民主、自我批评。[2]7 月 14 日，《人民日报》在九评苏共中央公开信中将五条标准公之于众。文章发表后，五个条件成为当时教育工作的重要指导思想。例如，1964 年，北京一零一中学文方副校长在开学典礼上号召同学们做无产阶级接班人，必须以毛主席提出的五个条件作为努力方向。[3] 培养好革命接班人，在当时极大地鼓舞了学生们的政治革命热情。然而忽视能力、文化要求，片面强调政治觉悟又极大地影响了学生的全面发展。

中共八届十中全会以后，国家开展了“四清”“五反”运动。社会主义教育运动成为了思想道德教育的主要内容。1964 年《中国青年》第 17 期发表社论，提出社会主义教育运动是青年学习接受革命教育最好的学校，号召广大青年积极参加社会主义教育运动。[4] 社会主义教育运动为培养又红又专的无产阶级革命接班人创造了条件，打下了基础，然而以运动的方式进行思想道德教育必将把思想道德教育工作引入歧途。

---

① 敢峰：《反对片面追求升学率，打退资产阶级教育思想的进攻》，《人民教育》1964年2月号。

② 薄一波：《若干重大决策与事件的回顾》（修订本）下卷，人民出版社1997年版，第1196—1197页。

③ 北京一零一中学思想政治教育处编：《班主任工作参考》（十），1964年9月1日油印稿。

④ 《在社会主义教育运动中接受革命的锻炼》，《中国青年》1964年第17期。

思想政治理论课是这段时期开展思想道德教育的主要形式。1964年7月10日到8月3日，中央在北京召开了全国高等学校、中等学校政治理论课工作会议，对政治理论课提出了意见。1964年10月11日，中央批转了《关于改进高等学校、中等学校政治理论课的意见》，《意见》明确政治理论课的根本任务、基本内容，奠定政治理论课在思想道德教育中的重要地位，强调政治理论课程必须同国内国际的阶级斗争密切联系，必须同劳动生产、政治运动、党团工作相结合，加强对毛泽东思想的宣传和学习。《意见》还对政治理论课的考试方法及成绩评定进行了规定，提出了“教师队伍必须革命化”和“加强党的领导”等要求。[①] 可以说，《意见》对中小学思想道德教育工作做了全面系统的部署，不仅确立了政治理论课的独立地位，还让课程的设置更加规范化、制度化，对中小学思想道德教育工作产生了极大的影响。根据《意见》的部署，全国各地陆续开设了政治课并使用了全国统一的政治课教材。

通过各科教学进行思想道德教育，是中华人民共和国成立以后中小学一直坚持的做法。在此时，中学语文教材适当地增选了毛主席的文章和诗词以及反映现实斗争的社论等。[②] 在高考中突出思想政治教育、突出阶级教育起到了指挥棒作用。例如，在《关于数理化三科总复习的意见》中指出：“在复习过程中要根据教材的内容，适当地联系三大革命运动的有关知识。”[③] 各学科对思想政治教育的

---

① 何东昌主编：《中华人民共和国重要教育文献（1949—1975）》，海南出版社1998年版，第1321—1323页。

② 青岛市第一教育局：《关于今秋全日制中学语文教材处理后的几点具体意见和课文目录》（1965年7月23日），C61—3—713，青岛市档案馆藏。

③ 青岛市第一教育局：《关于数理化三科总复习的意见》（1965年6月10日），C61—3—717，青岛市档案馆藏。

渗透，使广大中小学生坚定了阶级立场，提升了思想政治觉悟。

中小学校还大力开展了学解放军、学大庆的运动，同时也继续注意加强学校思想政治教育网的作用，各方面教育对提高广大学生的思想觉悟起到了很大作用。1964 年 2 月，全国掀起学习解放军的高潮。[①]1964 年 4 月 20 日，《人民日报》发表评论，号召全国人民学习大庆精神，将“学大庆”运动推广到全国。[②]

这时期依然强调校外教育和家庭教育的重要意义。1964 年 6 月 1 日《人民日报》报道称，上海市已初步建成少年儿童校外教育网，市和各区、街道分别设立了数百个少年宫、少年之家、儿童阅读馆等校外活动机构。全市还建成了一支具有相当规模的校外业余辅导队伍，1964 年年初上海市教育部门专门配备了 1000 多名校外专职辅导员，并且不断加强校外专职辅导员的培训工作。[③]

总之，在“反修防修”的背景下，我国中小学思想道德教育的目标是培养无产阶级革命接班人，批判资本主义思想，开展社会主义教育运动，改革政治理论课程，以课堂教学为中心，结合劳动生产和生活实践开展了全方位、多形式的思想道德教育，坚定了中小学生的共产主义信念和阶级立场，强化了毛泽东思想和阶级斗争思想，极大地提升了学生的政治觉悟和思想认识，积累了丰富的教育实践经验。然而在“突出政治”“以阶级斗争为纲”的指导下，思想道德教育的内涵逐渐缩小，思想道德教育的方法趋于政治化和斗争化，从而导致了“文化大革命”时期思想道德教育走入歧途。

---

① 《全国都要学习解放军》，《人民日报》1964年2月1日。
② 《崇高的榜样（编后）》，《人民日报》1964年4月20日。
③ 《用革命精神和共产主义思想教育下一代，上海加强少年儿童校外教育》，《人民日报》1964年6月1日。

二、全面建设社会主义时期立德与树人理论与实践受到的干扰和冲击

从 1956 年到 1966 年，由于受到“左”倾思想的干扰和政治运动的冲击，立德与树人的理论和实践不断受到挑战。

1957 年 6 月开始反右派斗争，批判反党反社会主义错误思潮，进行坚持社会主义道路的教育，这在当时是完全必要的。然而，在中国共产党八届三中全会上，毛泽东对社会主要矛盾的错误判断导致了反右派斗争扩大化，这直接影响到中小学思想道德教育。1957 年，教育部和团中央发出联合通知，提出要在学生中讲解反右斗争。[①] 由此可见，在反右斗争扩大化的影响下，中小学思想道德教育的内容也开始趋向政治化。

1958 年，在总路线、“大跃进”、人民公社这“三面红旗”的影响下，中小学思想道德教育也受到了冲击。1958 年第四次全国教育行政会议提出促进教育大跃进的指导方针，提出了多快好省的目标，这实际上不符合教育规律，对中小学思想道德教育造成了不利的影响。1958 年 8 月 9 日，中共中央提出应当大力引导少年儿童参加力所能及的生产劳动和社会活动。[②] 少年儿童也要参加生产劳动和政治生活，对培养爱劳动的品德，锻炼独立生活的能力有积极作用，但过多强调政治活动的参与，扩大了“左”倾思想在少年儿童中的影响。1958 年 9 月，中共中央发出通知，强调政治理论课程应讲解总路线和阶级斗争。1958 年 9 月 19 日，中共中央、国务院发布《关于教育工作

① 《培养社会主义的中学生，教育部、团中央通知改变政治课内容，进行以反右派为中心的社会主义教育》，《人民日报》1957年8月29日。

② 何东昌主编：《中华人民共和国重要教育文献（1949—1975）》，海南出版社1998年版，第851页。

的指示》，将脑力劳动者视为是只专不红的资产阶级知识分子，片面强调了体力劳动的地位，贬低了脑力劳动的地位，并要求每个学生必须学习劳动课程。[1]自此，生产劳动成为学校思想道德教育的重要形式，这虽然锻炼了学生的劳动能力，但是却在一定程度上干扰了正常教学秩序，削弱了学生对思想政治理论的学习。

1962 年 9 月 24 日至 27 日，中共八届十中全会召开，毛泽东提出无产阶级与资产阶级的矛盾仍然是中国社会的主要矛盾，必须加强阶级斗争。随着这一路线在教育界的贯彻，关于阶级斗争和反对修正主义的教育逐渐成为学校思想道德教育的主课。在“反修防修”背景下，阶级和阶级斗争意识更加被强化，中小学思想道德教育逐渐成为政治运动的阵地，阶级斗争成为中小学思想政治教育中的重要内容。

由此可见，在全面建设社会主义时期，中小学思想道德教育由于受“左”倾思想的影响和政治运动的冲击，立德与树人的理论和实践不断受到挑战，立德教育逐渐加入了阶级斗争的内容，树人功能也受到了政治运动的冲击。由于这些错误没有得到根本的纠正，思想道德教育在“文化大革命”时期遭遇了困境，走入了误区，最终沦为政治斗争和夺权的工具。全面建设社会主义时期的中小学思想道德教育遭遇的挫折引发了我们的反思。因此，在进行思想道德教育的时候，一定要正确评估当前的形势，发扬民主求实的作风，坚定思想道德教育为社会发展立德与树人的理念，如此才能坚持正确的路线，充分发挥思想道德教育的功能。

---

① 《建国以来重要文献选编》第十一册，中央文献出版社2011年版，第424页。

三、全面建设社会主义时期立德与树人理论与实践的特征和经验

这一时期，尽管我国中小学思想道德教育遭遇了一些挫折，但是在全面开展社会主义建设的大背景下，始终坚持为社会主义和共产主义立德与树人的理念，在曲折中取得新的发展。立德与树人的理论和实践也得到进一步发展。

第一，政治课独立的课程地位得以明确，思想政治课教学日益正规化、制度化。中华人民共和国成立初期，由于受苏联教育的影响，政治课一度被弱化，甚至为各学科渗透思想道德教育所代替。1957年，毛泽东多次提出中学应当有政治课。1959 年 7 月 16 日，教育部印发《中等学校政治课教学大纲（试行草案）的通知》，对政治课的课程设置和教学方法做出明确的规定。[①] 该大纲实行后，全国有了统一的政治课教学大纲。1964 年 10 月，《关于改进高等学校、中等学校政治理论课的意见》进一步明确了思想政治理论课的独立地位，对思想政治理论课的根本任务、主要内容、课程教材、评价方式等方面的工作都做出了具体的部署，使政治课的学科体系进一步完善，思想政治课教学日益正规化、制度化。

第二，思想品德教育和社会道德教育的重要地位得以明确，立德的内涵进一步丰富和充实。中华人民共和国成立初期的中小学思想道德内容尽管已经呈现出“立全德”的特点，然而思想道德教育依然是以思想政治教育为核心，并冠以思想政治教育或者政治思想教育之名。这种情况一直持续到整风运动和反右倾运动时期。直到

① 何东昌主编：《中华人民共和国重要教育文献（1949—1975）》，海南出版社1998年版，第912页。

1962 年 5 月 3 日，中共中央批转《共青团中央关于加强城市青少年共产主义道德教育的报告》，明确指出“向青少年进行共产主义道德教育，是青年团的一项经常的根本任务”。[①]1963 年 5 月 23 日，教育部《颁发试行〈小学生守则（草案）〉和〈中学生守则（草案）〉的通知》，提出要通过守则教育培养中小学生的道德品质和世界观。[②]在国民经济调整时期，针对思想政治教育和道德品德教育的不平衡关系进行了相应调整，进一步明确了道德品德教育的重要性。至此，思想道德教育的体系进一步完善，主要由思想品德教育、社会道德教育和思想政治教育三部分构成，立德的内涵得以进一步丰富和充实。

第三，立德与树人更加注重理论学习和社会实践的结合。国民经济恢复时期的思想道德教育尽管体现出遵循教育发展规律和学生身心发展规律的特点，但是在一定程度上表现出轻视政治理论系统学习的趋向，因此在一定时期政治课被弱化甚至取消。全面建设社会主义时期既强调结合全国人民建设社会主义的伟大斗争开展思想道德教育，大力引导少年儿童参加力所能及的生产劳动和社会活动，也强调政治理论教育，主张将政治理论教育和学习生活中的思想工作一起抓，并且在实践中不断调整处理政治理论学习和社会实践教育之间的关系。例如，劳动教育的大力提倡和社会主义教育运动的开展，突出了生产实践对于加强思想政治教育的重要意义，而政治理论课程的独立地位进一步明确则强调了政治理论学习的重要性。

---

① 何东昌主编：《中华人民共和国重要教育文献（1949—1975）》，海南出版社1998年版，第1089页。

② 易春秋：《建国十七年中学思想政治教育研究》，中共中央党校博士学位论文，2005年，第160页。

由此可见，该阶段的思想道德教育使得立德和树人理论联系实际的原则得到了进一步的发展。

第四，全员全方位的立德树人教育网进一步完善。全面建设社会主义时期，思想道德教育形成了比较完整的体制，并且逐渐制度化。在学校内部，政治课和各科教学以及班会晨会都是思想道德教育的重要阵地，教师、班主任、共青团、少先队和学生会、德育处都是实施思想道德教育的主体，在党支部领导下，校长负责，明确教育要求，统一安排活动，形成了各部门都管德育，教职员工人人做思想道德教育工作的局面。在校外，不仅要求学校将思想道德教育与生产劳动和生活实践相结合，还进一步重视校外机构教育和家庭教育的作用，通过不断完善校外机构、培训校外辅导员等形式来营造思想道德教育的大环境，扩大思想道德教育的效果。

第五，重视正面教育和熏陶教育的积极作用，立德与树人的方法进一步完善。全面建设社会主义时期，非常重视榜样教育的积极作用。无论是学雷锋运动还是学解放军、学大庆运动，都着力于通过正面的、积极的榜样示范来提升学生的思想政治觉悟和道德品质，在当时起到了非常好的教育效果，全国各地涌现出了一大批积极追求进步、争当楷模的学生。思想认识的改变需要学生发自内心的认同，这也是一个长期的过程，因此本阶段的思想道德教育非常重视熏陶教育的重要作用。比如，在开展榜样教育的过程中，全国各地通过报刊、电影、歌咏、演讲等形式，对英雄人物进行大力的宣传；在开展毛泽东思想教育的过程中，通过思想政治理论课的持续教育和各个学科的渗透教育来落实。而日常行为规范的教育，则是一种更直观而且长效的思想道德熏陶教育。全面建设社会主义时期，先后公布了两版《学生守则》，其目的是帮助学生在学校、家庭、社会、日常生活中不断掌握正确的行为规范，懂得做人的道理，养成良好的品德和习惯。

四、“文革”时期立德与树人理论与实践的挫折

1966年5月至1976年10月的“文化大革命”，给党、国家和各族人民造成了严重灾难，同时也对中小学思想道德教育造成了严重的破坏。

1966年5月，中央政治局召开扩大会议，通过《中国共产党中央委员会通知》，拉开了“文化大革命”的序幕。1966年8月，党的八届十一中全会举行，通过了《中国共产党中央委员会关于无产阶级文化大革命的决定》，充分肯定正在开展的“文化大革命”，确定了让群众“自己教育自己”“自己解放自己”的方针，规定了“文化大革命”的目的，确定文化革命小组为“文化革命的权力机构”等。5月中央政治局扩大会议和8月党的八届十一中全会的召开，标志着“文化大革命”的全面发动。1967年11月6日，“无产阶级专政下继续革命的理论”首次被提出。这一理论将大量的人民内部矛盾上升为敌我矛盾、阶级矛盾，并错误地提出了“走资派”理论。在这种错误理论的影响下，思想道德教育的内容开始背离立德与树人的内涵，不是以爱党、爱社会主义为主题进行国情教育，不是以宪法为主题进行民主、法制教育，不是以无产阶级价值观为核心进行革命人生观教育，而是大肆宣扬“以阶级斗争为纲”“阶级斗争一抓就灵”等“左”倾思想。大搞阶级斗争、路线斗争，无限上纲，乱批乱斗，打倒党内

走资派，号召全面夺权，成为了思想道德教育的基本内容。[1] 同时，教育方法多以写大字报、批斗等斗争为主，这严重违背了思想道德教育的规律和原则，影响了思想道德教育的效果。

林彪、江青反革命集团对“文化大革命”的利用对思想道德教育造成了全面的破坏。首先，他们大搞个人崇拜，将学习毛泽东著作引向“个人崇拜”“现代迷信”的歧途。毛泽东著作的学习被极端地推向形式化、简单化和庸俗化状态。同时，他们鼓吹“突出政治”“以阶级斗争为纲”，将思想道德教育搞成了阶级斗争。此外，林彪、江青等人煽动无政府主义，以“中央文化革命小组”代替党的领导，发动红卫兵运动。“文化大革命”中，林彪、江青等人鼓吹理论上“否定一切”，行动上“打倒一切”等极左思想，于是，“文攻”和“武斗”成了思想道德教育的主要方式。在林彪、江青的指使下，红卫兵揪“走资派”，抓“牛鬼蛇神”，捣毁寺院，破坏古迹，焚烧打砸文物，甚至打人致死。这不仅违背了思想道德教育立德和树人的目的，还严重扭曲了人性和人格，让思想道德教育完全走向了立德和树人的对立面。

总结这段时间的中小学思想道德教育，其突出特征表现如下：

一是中小学思想道德教育的内容高度政治化，缩小了立德与树人的内涵。毛泽东思想和革命政治思想成为这段时期思想道德教育的全部内容，道德品质教育和社会公德教育被完全摒弃。1967 年 2 月，中共中央发出通知，要求中小学生上课要和“文化大革命”紧

---

① 张耀灿主编：《中国共产党思想政治教育史论》，高等教育出版社2006年版，第257页。

密结合，认真学习毛主席思想、党中央关于“文化大革命”的文件等。[1]于是，当时的思想道德教育教科书上充满革命化、政治化的内容，内容包括毛主席的革命故事、毛泽东著作、毛主席语录、“老三篇”等；行文上充满革命化官方语言和未经转化的伟人著述以及政策文件；主题上多是宣传以阶级斗争为主的武力对抗；封面图案大多为毛主席语录、肖像等。例如，1972 年北京市小学四年级《政治》课本中的内容包括毛主席语录、千万不要忘记革命斗争、路线斗争不能忘等。可见，在“文革”时期的思想道德教育中，生活化的道德已经被革命和阶级斗争所取代。

二是教育方式强制化和斗争化，禁锢甚至异化了学生的思想。“文革”时期的思想道德教育主要是通过长期的思想灌输和广泛的革命斗争来实施的。毛泽东革命思想和阶级斗争思想除了是政治课的主要内容外，也是其他学科的主要内容。1970 年，北京 31 中革命委员会在《用毛泽东思想统帅文化课》上提出社会主义文化课必须以毛泽东思想为统帅，突出无产阶级政治。[2]可见，随着形势的进一步发展，学校的文化课程也沦为了革命政治教育的工具，这不仅违背了培养全面发展的人的目标，还严重制约了学生文化素质的提升。“文革”时期还根据学生年龄和年级差异，对之进行贯通性的思想灌输。比如，同样对于毛泽东思想的学习，高中和中等专业学校、师范学校主要采用《毛泽东著作选读》甲种本，初中主要采用《毛泽东著作选读》

---

① 张静如、梁志祥主编：《中国共产党通志》第二卷，中央文献出版社2001年版，第323页。

② 何东昌主编：《中华人民共和国重要教育文献（1949–1975）》，海南出版社1998年版，第1456页。

乙种本；小学生则学习毛泽东语录。[1] 可见毛泽东思想教育以不同形式贯穿于整个教育过程，这种持续性的单一思想的灌输，有悖于学生全面发展的教育目标。此外，“文革”时期还重视通过生产斗争来强化革命政治思想。1966 年“文革”开始时，中小学生都积极响应毛主席的号召和广大群众相结合，到农村去，到工厂去进行串联，在学工、学农和生产劳动中不断提高自己的无产阶级觉悟和革命斗争意识，然而却大大削弱了文化课学习的时间和效果。1967 年国家提出“复课闹革命”后，中小学积极成立“红小兵”“红卫兵”，组织学生加强政治思想的学习，参加各种批判运动。1968 年，工宣队分批分期进入各学校后，掀起了“斗、批、改”和“教育革命”的高潮，学生们以参与“大批斗”的方式接受革命政治思想的学习，在强化政治思想的过程中，人的道德观念受到了不良的影响。

可以说，“文革”时期的中小学思想道德教育就是一场政治运动，是对思想道德教育立德与树人理念的背离和破坏。

“突出政治”的革命政治思想成为了思想道德教育的全部内容，社会道德教育和思想品德教育的严重缺失极大地缩小了立德与树人的丰富内涵。学校成为宣传“无产阶级专政条件下继续革命理论”的主阵地，灌输、劳动和批斗成为了思想道德教育的主要形式，违背了立德与树人的基本原则和规律，禁锢甚至异化了学生的思想。思想道德教育的目的无视人的全面发展和社会的和谐发展，而在于与走资派、资本主义做坚决的斗争，甚至最后成为了“四人帮”反革命集团篡党夺权的工具，严重违背了思想道德教育立德与树人的目的。

---

① 何东昌主编：《中华人民共和国重要教育文献（1949—1975）》，海南出版社1998年版，第1412页

更为严重的是，学生们在革命运动和阶级斗争中学到的是对道德的摧残与鄙视，以及人与人之间的仇恨，尊师重道、仁孝礼仪等传统美德与观念荡然无存，整个社会世风日下。“文革”时期的思想道德教育不仅没有发挥立德与树人的作用,反而走到了立德与树人的对立面，严重影响了一代中小学生良好道德和健康人格的形成。

第四章 \ Chapter 4

立德树人：
回归与创新

第一节

拨乱反正：教育发展的新征程

要努力使我们的青少年成为有理想、有道德、有知识、有体力的人，使他们立志为人民作贡献，为祖国作贡献，为人类作贡献，从小养成守纪律、讲礼貌、维护公共利益的良好习惯。

——邓小平

1976年10月，党中央一举粉碎了“四人帮”，这是大快人心的重大历史事件，但“左”倾错误并没有被彻底纠正，出现了“两个凡是”的错误方针，即“凡是毛主席作出的决策，我们都坚决维护，凡是毛主席的指示，我们都始终不渝地遵循”。尽管此时党的指导思想和政治路线并没有实现彻底的拨乱反正，但是邓小平同志已经鲜明地举起了解放思想的旗帜，改革的力量在历史的徘徊中酝酿。1978年党的十一届三中全会实现了彻底的拨乱反正，恢复了实事求是的思想路线、政治路线和组织路线，果断停止以阶级斗争为纲，做出了改革开放的伟大决策，标志着中国新时期的开启，推动中国的发展回到正常轨道，开始了新的征程。改革开放，万象更新，我国教育事业也迎来了春天，中小学思想道德教育也在反思和总结的基础上不断探索，与时俱进，实现了系统性的创新发展。

一、教育战线的拨乱反正奠定了立德与树人的新基础

1978年，以邓小平为主要代表的党和国家领导人在拨乱反正后，对于过去走过的道路进行了深刻的回顾与反思，此举在某种程度上决定了新时期中国中小学思想道德教育的发展方向。1978年也成为中华人民共和国成立以来中小学教育再起程的开始。

严格意义上讲，改革的先声和初步的反思在1975年邓小平主持整顿工作时就已经开始了。1975年邓小平主持国务院工作，开展全面整顿，其中对教育工作的整顿是非常重要的一项内容。邓小平强调，教育部门要重视“后继有人”的问题，指出：“我们有个危机，可能发生在教育部门，把整个现代化水平拖住了。”他还特别强调教师地位

的问题，指出："几百万教员，只是挨骂，怎么调动他们的积极性？"[①]在邓小平的领导下，教育部长周荣鑫依据整顿精神，在教育界进行广泛的、深入的调查研究，举行各种座谈会、研讨会，利用《教育革命通讯》对教育领域的极左思潮进行了反思，明确了是非界限，主要体现为如何看待"两个估计"以及如何看待学习文化科学知识、基础理论研究和理科教育等问题。周荣鑫还主持起草了《教育工作汇报提纲》，该提纲以毛泽东于 1957 年提出的关于无产阶级要有庞大的技术队伍、理论队伍、专家队伍的论断为依据，主要内容包括：(1) 教育革命取得了很大成绩。(2) 新的形势重新把"十年树人"的历史任务提到我们的面前。(3) 坚持党的基本路线，进一步搞好教育革命。(4) 落实党的知识分子政策。(5) 坚持两条腿走路，充分发挥两个积极性。(6) 整顿领导班子。[②]邓小平 1975 年整顿的历史贡献是巨大的，邓小平曾回忆说，十一届三中全会"总结了历史经验，决定了一系列拨乱反正的政策。其实，拨乱反正在一九七五年就开始了。那时我主持中央党政工作，提出了一系列整顿措施，每整顿一项就立即见效，非常见效。这些整顿实际上是同'文化大革命'唱反调，触怒了'四人帮'"。[③]1975 年的教育整顿为邓小平第三次复出之后主管科教工作和拨乱反正提供了实践经验和理论准备。

1977 年 5 月，邓小平在复出前夕就高屋建瓴地强调了基础教育、人才和科技创新的重要性。在邓小平的推动下，恢复高考被提上了日

① 《邓小平文选》第二卷，人民出版社1994年版，第34页。
② 程中原：《转折年代：邓小平在1975—1982》，当代中国出版社2014年版，第59页。
③ 《邓小平文选》第三卷，人民出版社1993年版，第81页。

程，邓小平明确了直接从高中毕业生中招生的原则，并且对招生标准做出了相关要求。值得注意的是，邓小平在关于高考的招生标准的指示中，明确了思想道德素质的重要性，既然纳入了高考招生的标准，其实也就是将思想道德素质标准作为了中小学教育的重要“指挥棒”和“风向标”，从而为中小学教育中加强思想道德教育工作提供了重要遵循。

邓小平还以巨大的政治魄力推倒了教育战线的“两个估计”，指出无论是从事科研工作还是从事教育工作的人都是劳动者，知识分子的名誉要恢复，除了精神鼓励还要有物质待遇，要尊重劳动，尊重人才。这样就打破了长期束缚教育工作的枷锁，为新时期中小学教育的改革和思想道德教育的发展提供了基本的政治前提。

1978 年，邓小平在全国教育工作会议上明确强调了思想道德教育的重要性，要求学校大力加强革命秩序和革命纪律教育，造就具有社会主义觉悟的一代新人，促进社会风气的革命化。邓小平明确批评了“文革”对教育事业，特别是对思想道德教育和社会风气的破坏，指出“四人帮”实际上是用剥削阶级最腐朽、最反动的思想毒害青少年，制造出“文盲加流氓”式的人物。所以，如何总结历史教训，就成为一项重大的政治任务。邓小平引用毛泽东的话：“思想政治工作，各个部门都要负责任。共产党应该管，青年团应该管，政府主管部门应该管，学校的校长教师更应该管。”[①] 邓小平特别强调了中小学教育在学生思想道德教育中的极端重要性，他指出：“尤其是中小学教师和幼儿教育工作者，负有培养革命接班人的幼苗的重任。我们要大力在青少年中提倡勤奋学习、遵守纪律、热爱劳动、助人为乐、

① 《邓小平文选》第二卷，人民出版社1994年版，第106页。

艰苦奋斗、英勇对敌的革命风尚……”[1] 邓小平在大中学校的招生考核制度以及教师队伍建设的工作中都强调了配套的政策，从而更好地将学生思想道德教育贯彻落实。在考核制度中，邓小平提出要贯彻毛泽东提出的德智体全面发展的要求，大中学校招生要全面考核德智体等内容，要在青少年乃至在全社会中造成人人向上、奋发有为、不甘落后的革命风气。在教师队伍建设方面，要尊重教师的劳动，提高教师的质量，提高教师的政治地位和社会地位，鼓励人们终身从事教育事业。各级党委还要重视教师队伍的思想政治工作，使更多的学生树立起正确的世界观。

二、党的十一届三中全会开辟了立德与树人的新征程

在党的十一届三中全会精神的引领下，新时期中小学的思想道德建设正式启动。1979 年，教育部印发《全国中小学思想政治教育工作座谈会纪要》，明确了加强党的领导是做好中小学思想政治工作的基本保障，而且总结了以往思想道德教育的经验和教训，明确指出中小学思想道德教育要从实际出发，要针对青少年的年龄和心理特征，确保青少年喜闻乐见，反对形式主义，注重实效。该纪要推动了全国范围内反对“三化、两不、一个样”(一般化、简单化、成人化；不联系学生实际、不讲求实效；大中小学一个样）流弊的进展，并取得了初步的效果。北京、上海、天津以及广州等大城市的一些教育工作者开始研究中小学思想道德教育大纲，努力推进中小学思想道德教育的科学化。1980 年，上海的一些学校还率先开设了道德课。

1980 年 5 月，《中国青年》杂志刊登署名潘晓的文章《人生的路

---

① 《邓小平文选》第二卷，人民出版社1994年版，第106页。

啊，怎么越走越窄……》，作者针对“文革”中的一些错误思潮以及青年人的困惑，提出了“主观为自己，客观为他人”的命题，即只要每一个人都尽量去提高自我存在的价值，那么整个人类社会的向前发展也就成为必然了。这封来信引发了全国性、长时期的讨论。据统计，当时引发了六万多封来信的争鸣，反映了当时青少年在思想方面存在的共同焦虑和困惑。这次大讨论实际上也折射了我国在改革开放之初，教育行政部门努力创新中小学思想道德教育的内容和方式，注重加强中小学思想道德建设的重要时代背景。

1980 年，教育部印发《关于改进和加强中学政治课的意见的通知》，要求全国各级教育行政部门负起领导责任，确保有专人和专门机构负责思想政治教育。1981 年 3 月，教育部颁布了《全日制五年制小学教学计划（修订草案）》，充分吸取了以往政治教育脱离实际的教训，依据四项基本原则和加强青少年思想建设的精神，将政治课改为思想品德课，要求生动活泼地进行初步的共产主义教育和形势教育。这个文件标志着改革开放后中小学思想道德教育的重要突破。同年，教育部颁布了《关于小学开设思想品德课的通知》，明确小学的思想品德课是为了加强小学生的共产主义思想品德教育，对贯彻落实党的教育方针政策，促进青少年健康成长，为社会主义建设事业培养人才具有重大意义；小学思想品德课的基本内容包括共产主义理想信念教育、法律道德教育、集体主义教育等；在教学方式方法创新方面，要求注重正面和积极引导，从少年儿童年龄的客观实际出发，切实尊重儿童心理和性格特点，注重循序渐进、注重实效、注重实践、注重榜样引领激励的作用，以《小学生守则》为遵循，开展学雷锋等思想品德教育等。1982 年，教育部在总结经验的基础上充分征求社会各方意见，制定了《全日制五年制小学思想品德课程教学大纲（实行草案）》，经过实践探索，到1986年又正式颁布了《全日制五年制小学思想品德课程教学大纲》，对课程目标、内容、要求都做了更加科学、更加规范的规定。

基于改革开放的纵深发展，教育领域的解放思想也在不断深入。1985年8月，中共中央发出《关于改革学校思想品德和政治理论课程教学的通知》，该通知依据邓小平关于教育要面向现代化、面向世界、面向未来的重要指示，要求以改革精神看待以马克思主义为指导的思想品德和政治理论课，并指出："马克思主义的基本原理是放之四海而皆准的，同时又是随着时代和其他科学的发展而不断发展的，马克思主义从来不是也不可能是一个封闭的、凝固的体系。因此，在它的教学中必须面向现代化，面向世界，面向未来；同时必须紧密联系青少年不同时期的思想、知识、心理发展的特点……"[①]该通知内容非常系统，对小学、中学和大学的思想品德课都做出了有针对性的要求。在小学教育中，《通知》强调进行以"五讲四美"和"五爱"为核心的社会常识和社会公德教育，要求小学生养成良好的思想品德和行为习惯。特别值得一提的是，它还要求小学生逐步养成在真理面前人人平等，在人格上人人平等的习惯，勤奋、节能、守时等自我管理的品德和能力，以及奉献爱心等方面的美德。在中学思想道德教育中区分了初中和高中，其中初中阶段要注重树立遵守法律和纪律的观念，树立自己对社会的责任感；在高中阶段则注重使学生正确认识人生的意义，认识到个体和集体、权利与责任、自由和必然、幸福和付出、创新和传统、成功和失败、情感和理性、环境和

---

① 《中共中央关于改革学校思想品德和政治理论课程教学的通知》(1985年8月1日)。

努力、意识和物质、先进性和群众性、中国与世界等一系列范畴的辩证关系。在教学方式方法创新方面，特别强调了启发式教学的重要性，反对简单的灌输式教学。从历史上看，中共中央《关于改革学校思想品德和政治理论课程教学的通知》在改革开放初期对于中小学思想政治教育改革起到了重要的指导作用。

1988 年，教育行政部门颁布了《小学德育纲要（试行）》和《中学德育大纲（试行）》，对于中小学生的思想道德教育更加注重突出品格和性格的教育，更加突出对道德判断能力和自我教育能力的培养，这都是中小学思想道德教育理念和方式的创新发展。

三、改革开放展现了立德与树人的新特征

总的来说，整个八十年代，我国中小学思想道德教育在实事求是、解放思想精神的引领下，取得了显著的成就，具有以下鲜明的特征：

第一，在理论和实践上对中小学思想道德教育做出了科学的分析。这一时期中小学思想道德教育在拨乱反正和思想解放的大潮冲击下，也实现了重大的创新发展，在中华人民共和国中小学思想道德教育历史上具有鲜明的里程碑意义。这种里程碑意义主要体现在通过总结历史经验，特别是针对“文革”极左错误，克服了之前在中小学思想道德教育中过分突出政治色彩，甚至出现泛政治化的弊端，将思想道德教育和政治理论课程之间的关系做出了清晰的、科学的分析，将思想品德课从政治理论课程中独立出来。克服思想道德教育的泛政治化不仅体现在学科名称的变化上，更体现在内容的创新上。德育作为一个学科的内容也更加丰富，1985 年中共中央《关于改革学校思想品德和政治理论课教学的通知》明确了不同教育阶段思想品德和政治理论教育的侧重点，小学的教学内容主要聚焦五讲四美、

五爱、法律等社会常识和社会公德，初中教学主要聚焦道德纪律、民主法制、社会发展客观规律、社会主义建设基本问题的教育，高中教学主要聚焦有关经济学等社会科学的基础知识。到了 1988 年，教育行政部门更是进一步提出了德育的内涵应包括初步的马克思主义常识教育、国际主义教育、社会主义共同理想教育、身心健康和个性发展教育。

第二，在中小学思想道德教育理念上更加注重学生的主体性和主动性。中小学思想道德教育理念的转变不仅和总结极左历史教训有关，也和新的历史时期，经过解放思想后，对教育科学有了新的理解和反思有关。中小学对于青少年来说是人生观、世界观、价值观形成的重要时期，具有独特的心理特征。儿童和青少年想象力丰富，自我意识开始觉醒，如果能够正确引导和激发学生的主动性和自觉性，就会将正确的价值观和理念注入学生的心田，自然会培养出他们真善美的道德素养。但是如果将儿童和青少年视为成年人，采取和针对成年人相同的简单的灌输式的教育理念，就容易导致中小学思想道德教育的形式化和简单化，在实践中也无法产生良好的效果。比如，1985 年中共中央在发出的《关于改革学校思想品德和政治理论课程教学的通知》中，明确指出让学生“运用正确的观点和方法去积极地思考并回答自己所面临的重大问题”。1988 年颁布的《中学德育纲要（试行）》，明确要求德育要培养学生的道德判断能力及自我教育能力。这些极具创新性的理念充分说明了我国在开展德育工作时更加尊重学生的主体地位，更加注重培养学生独立思考、独立判断的能力，更加注重培养学生思想道德的自觉性和主动性。

第三，在中小学思想道德教育实践上更加注重方式方法的创新。科学的理念和科学的方式方法是互为补充、辩证统一的，没有科学的理念，就不会有科学的方式方法；没有科学的、可操作的、可应用的方式方法，再好的科学理念也难以贯彻落实。比如，1980 年教育部颁发的《关于改进和加强中学政治课的意见的通知》，明确提出中学政治课教育的基本形式是课堂教学,课堂教学要以教师授课为主，也要重视并有针对性地组织学生进行讨论，培养学生主动分析问题的能力。1985 年中共中央发出的《关于改革学校思想品德和政治理论课程教学的通知》，明确指出要采取启发式的教学方式，善于引导学生进行生动活泼的自由讨论，还要善于组织学生进行切合实际的社会实践和社会调查。1986 年，国家教委在关于中学政治课教学改革的相关文件中更是进一步强调了创新教学方式方法的重要性，在之前探索的基础上，明确提出在中学德育中要采取灵活多样的、生动活泼的教学方式，比如自学、讨论、参观、访问、报告、调查、撰写小论文等。除了教学方法，此时期在思想道德教育的评价方式和评价理念上也实现了与时俱进。

在思想道德教育改革的具体实施过程中,尽管取得了显著的成就，但是在一定程度上仍存在着过分淡化政治，甚至忽视政治的错误倾向，对学生造成了一些不良影响。为了纠正中小学思想道德教育一定程度上淡化政治的错误倾向，1990 年国家教委颁发了《关于进一步加强中小学德育工作的几点意见》，强调德育的内涵应包括思想、政治和道德教育，进一步突出了德育在人才培养朝着正确的政治方向前进过程中的重要性。

第二节

与时俱进：建立与社会主义市场经济相适应的教育体制

青少年是祖国的未来、民族的希望，要十分重视青少年思想道德建设。

——江泽民

1992年邓小平南方谈话具有重大的历史意义,解决了“姓资姓社”之争,进一步解放了思想,把改革开放和中国特色社会主义事业推向了新的历史时期。邓小平南方谈话之后,中国各项事业迅猛发展,呈现出百舸争流、竞相绽放的生机和活力。这种社会环境一方面给中小学思想道德教育提供了良好的思想环境和社会支撑,另一方面随着社会主义市场经济的发展,社会结构的转型对中小学思想道德教育提出了新的要求和新的挑战。这种社会环境和时代背景主要体现在以下两个方面:

一是社会主义市场经济迅速发展,社会结构更加复杂,利益主体更加多元。建设社会主义市场经济是党的一项重大历史决策,在实践中产生了重大而深远的影响。特别是邓小平南方谈话之后,民营经济迅速发展,私营企业主和个体经营者大量涌现。社会结构打破了过去单纯的工人、农民、知识分子阶层,新的社会阶层开始涌现,对中国经济社会发展产生了重大的推动作用。但是,社会结构和经济结构的变化,必然会导致社会思潮和价值观念的多元化发展。特别是随着对外开放的深入推进,西方的各种思潮进入国内,这些思潮和大众传媒紧密结合在一起,不仅深刻影响了中国社会的生活方式和娱乐方式,也深刻影响了青少年的精神世界。所以,改革开放到了新阶段,如何确保进一步解放思想的同时在青少年中树立正确的世界观、人生观、价值观,确保主流意识形态的领导地位和影响力,如何在进一步扩大开放的同时确保青少年保持爱国主义精神、树立民族自尊心和自信心,就成为这一历史时期做好中小学思想道德教育的重中之重。社会结构和利益主体的多元化也会导致一些领域的社会矛盾浮出水面,如何引导中小学生正确、全面地看待这些社会现象,学会科学地分析社会矛盾也是新时期中小学思想道德教育的关键环节。

二是生产力、综合国力和人民生活水平显著提高。随着改革开放的深入推进，进一步解放了被束缚的生产力，中国的比较优势和后发优势进一步得到体现，人民的生活水平显著提高，温饱问题得到解决，整个社会正在向着小康社会昂首迈进。在这一历史时期出生、成长的青少年，生活条件相对优越，并且由于计划生育政策，他们绝大部分都是独生子女。所以，这一时期的中小学思想道德教育必须适应新的时代背景，要结合这一时期青少年的心理特点，精准地培养和塑造青少年的思想道德素质，特别是发扬中华民族传统美德和革命光荣传统中勤俭节约、艰苦奋斗的精神品格，避免因优越的物质环境和外界诱惑导致他们中出现自私、浪费、攀比、虚荣、脆弱等不健康、不正确的道德观念。

基于这种背景，1993 年颁布的《中国教育改革与发展纲要》明确提出要建立和社会主义市场经济相适应的教育体制，要求将过去和计划经济相适应的教育体制转变为和社会主义市场经济体制相适应的教育体制，这一要求也是这一时期中小学思想道德教育改革创新的基本遵循。

一、立德与树人理论与实践的新探索

1994 年，《中共中央关于进一步加强和改进学校德育工作的若干意见》的出台，标志着中小学思想道德教育随着改革开放的纵深发展迈进了新的阶段。该文件明确指出，在科学技术迅速发展和社会主义市场经济体制逐步确立的时代背景下，思想道德教育必须着力于帮助学生在观念、知识、能力、心理素质等方面适应新的时代形势，要让学生理解在社会主义市场经济发展的同时，也必须处理好国家、集体和个人的关系，且仍然需要发扬奉献精神。《全日制普通高级中学思想政治课课程标准》也依据市场经济改革的新形势，要求学生正确理解公有制是我国社会主义市场经济的基础，发展社会主义市场经济也要发挥集体主义的调节力量。

从《中共中央关于进一步加强和改进学校德育工作的若干意见》中德育内容的逻辑体系上看，德育的内涵是丰富的，包括马克思主义理论教育，爱国主义、集体主义和社会主义思想教育，中华民族优良道德传统教育，适应时代发展和社会主义市场经济新要求的素质教育。和八十年代相比，该文件鲜明提出并强调素质教育在思想道德教育中的重要性，具有重大的时代价值。

在思想道德教育的方式方法上，《中共中央关于进一步加强和改进学校德育工作的若干意见》既继承历史经验，又大胆改革创新，强调思想道德教育要和学生的学习生活结合起来，要促进其他学科和思想道德教育结合起来，要注重校园文化建设，要把家庭教育、学校教育和社会教育结合起来，要加强思想道德教育的学术研究和队伍建设。

基于《中共中央关于进一步加强和改进学校德育工作的若干意见》的精神，国家教委于 1997 年制定了《九年义务教育小学思想品德课和初中思想政治课课程标准（试行）》，明确提出思想道德教育的学科性质是“对学生系统进行公民的品德教育和初步的马克思主义常识教育以及有关社会主义科学常识教育的必修课程”，[①] 为中小学思想道德教育作为学科的健康繁荣发展提供了更为扎实的支撑。该文件实现了九年义务教育中思想道德教育在教育理念、教育内容、

---

① 吴慧珠：《新中国小学德育课程的演变》，《课程教材教法》2006年第2期。

教育方法、评价方法等方面的进一步的体系化、规范化和科学化，推行实施之后，在全国产生了重要而深远的影响。

在中国发展的关键时刻，党的十五大做出了进一步推进改革开放的历史决策，形成了邓小平理论，吹响了把建设有中国特色社会主义事业全面推向 21 世纪的冲锋号。十五大报告在文化建设部分特别强调了思想道德建设的重要性，报告指出要广泛而深刻地开展以为人民服务为核心、集体主义为原则的社会主义道德教育，还要加强民主法制教育以及纪律教育，从而引导人们在新的历史时期树立正确的世界观、人生观、价值观。在这个范畴上，十五大报告还特别强调了青少年是祖国的未来、民族的希望这一重大命题，要求非常重视青少年的思想道德建设。党的十五大报告也就成为引领我国中小学思想道德教育迈向新世纪的根本指南和重要遵循。

2000 年，中共中央办公厅和国务院办公厅联合颁布了《关于适应新形势进一步加强和改进中小学德育工作的意见》。该文件对于做好新时期中小学的德育工作提出了三方面的要求：一是提高中小学德育工作的针对性和实际效果；二是在中小学德育课程建设方面进行改革创新；三是注重德育的实践活动，促进学生养成良好的道德品质。在此基础上，为了进一步做好新时期的中小学思想道德教育，加强中小学德育课程建设，2001 年教育部颁布了《九年义务教育小学思想品德课和初中思想政治课课程标准（修订）》，明确了此次对课程标准进行修订的基本依据就是结合全面推进素质教育的要求，推动学生的思想品德教育，进一步提高学生的思想政治素质，促使小学思想品德课和初中思想政治课更有针对性和创新性，切实使学校成为德育的主渠道和主阵地。此次新课程标准的内容更加丰富充实，与时俱进，方式方法也更加多元，所以在实施的过程中取得了良好的效果。

2001 年，江泽民在庆祝建党八十周年大会上明确指出："发展社会主义文化的根本任务，是培养一代又一代有理想、有道德、有文化、有纪律的公民。要坚持以科学的理论武装人，以正确的舆论引导人，以高尚的精神塑造人，以优秀的作品鼓舞人。"[①] 这一重要论述也为新世纪更好地开展中小学思想道德教育提供了重要的指引。党的十六大将"三个代表"重要思想确定为全党的指导思想，在文化建设方面突出了思想道德建设的重要性，明确要求全社会的思想道德建设要与社会主义市场经济、社会主义法治以及中华传统美德相结合，而且强调了要贯彻实施《公民道德建设实施纲要》，加强社会公德、职业道德和家庭美德教育，尤其要注重青少年的思想道德建设。

二、立德与树人理论与实践的新特征

第一，注重与精神文明建设相结合。1996 年，党的十四届六中全会通过了《中共中央关于加强社会主义精神文明建设若干重要问题的决议》，强调了在建设社会主义市场经济的同时加强精神文明建设的重大战略意义，特别强调了对青少年身心健康造成危害的消极因素屡禁不止。少年强则国强，青少年的思想道德建设是社会主义精神文明建设的重要环节。该文件在具体的战略部署上，明确了青少年思想道德建设是关系国家命运的大事，要从大中小学的实际情况出发，有针对性地做好思想道德和思想政治工作，将知识教育和道德修养教育以及生活习惯养成结合起来，善于将青年的个人志

① 江泽民：《论"三个代表"》，中央文献出版社2001年版，第158-159页。

向与国家需要结合起来，培育爱国爱党、互敬互爱的德才兼备的时代新青年。所以，本阶段的中小学思想道德教育和社会主义精神文明建设的整体部署结合起来了。

第二，注重与素质教育相结合。1999 年中共中央、国务院印发了《关于深化教育改革全面推进素质教育的决定》。该文件针对新形势下经济社会的发展和青少年成长的特点，提出了全面推进素质教育的重大战略部署。素质教育主要强调培养复合型人才，培养德智体美全面发展的学生。因此，推进素质教育必然要求使受教育者坚持学习科学文化与加强思想修养的统一。素质教育不仅要求德智体美的全面发展，而且对思想道德教育的内涵也有着更为丰富的要求，即包括辩证唯物主义和历史唯物主义教育，爱国主义、集体主义和社会主义教育，中华民族优秀文化传统和革命传统教育，理想伦理道德以及文明习惯养成教育，中国近现代史、基本国情、国内外形势教育和民主法制教育等内容。2000 年，中共中央办公厅、国务院办公厅出台《关于适应新形势进一步加强和改进中小学德育工作的意见》进一步明确提出要把思想政治教育、品德教育、纪律教育、法制教育作为中小学德育工作长期坚持的重点。

第三，注重把握自身学科规律。1999 年，中共中央、国务院印发的《关于深化教育改革全面推进素质教育的决定》明确要求“按照德育总体目标和学生成长规律，确定不同学龄阶段的德育内容和要求，在培养学生的思想品德和行为规范方面，要形成一定的目标递进层次”。这就说明教育界对中小学思想道德教育的规律有了更为深刻的把握，更加注重中小学思想道德教育的整体规划性和系统性，摒弃了中小学思想道德教育中存在的“碎片化、运动化、形式化”等弊端，注重将德育贯彻于各个学科中，突出了青少年心理健康教育的重要性。在教育路径上,《决定》强调要发挥校园文明建设和共青团、少先队、学生会的作用，期望全社会也要加大对青少年思想道德教育的关注和配合。这就意味着中小学思想道德教育做到了进一步从学科建设规律出发，立足实际，着眼未来，久久为功。2001 年，教育部依据中央精神颁发了《九年义务教育小学思想品德课和初中思想政治课课程标准（修订）》，坚持从学科规律出发，从中小学生的身心发展规律出发，从突出培养创新精神和时代精神出发，确保将思想道德教育落到实处。

总体来说，这一时期我国中小学思想道德素质教育在前期探索的基础上取得了重大进展，奠定了其作为一个成熟学科的发展基础，并且在科学化、规范化、系统化等方面都做出了有益的探索实践。

第三节

以人为本：坚持育人为本、德育为先

要全面贯彻党的教育方针，坚持育人为本、德育为先，实施素质教育，提高教育现代化水平，培养德智体美全面发展的社会主义建设者和接班人，办好人民满意的教育。

——胡锦涛

进入新世纪，党的十六大提出的党的教育方针是“坚持教育为社会主义现代化建设服务，为人民服务，与生产劳动和社会实践相结合，培养德智体美全面发展的社会主义建设者和接班人”。[①]与以前相比，十六大提出的教育方针增加了“教育为人民服务”的内容。党的十七大提出的教育方针是“坚持育人为本、德育为先，实施素质教育，提高教育现代化水平，培养德智体美全面发展的社会主义建设者和接班人，办好人民满意的教育”。[②]十七大提出的教育方针第一次提到“坚持育人为本、德育为先，实施素质教育”。这些提法都是与时俱进的成果，必将在新的实践中体现出来。

一、新世纪立德与树人理论与实践的背景

新世纪向我国中小学思想道德教育提出了新的机遇和挑战：一方面我国正处在实施社会主义现代化建设第三步战略部署的关键阶段,经济全球化进一步发展,国与国之间的综合国力较量进一步加剧。综合国力的竞争实际上也是人才之间的竞争，因此需要进一步推动中小学思想道德教育创新发展，培养德才兼备的青少年，为实现民族复兴宏伟目标提供人才储备。另一方面，随着改革开放的纵深发展和经济社会的迅速发展，青少年思想道德教育也呈现出了新的特征，特别是网络信息技术等高科技迅猛发展所带来的新挑战。2000年前后，中国互联网行业开始突飞猛进，互联网社交、网络游戏等新鲜事物层出不穷，互联网的广泛应用深刻地改变了中国人的生活方

① 《十六大以来重要文献选编》上册，中央文献出版社2005年版，第31页。
② 《中国共产党第十七次全国代表大会文件汇编》，人民出版社2007年版，第36页。

式和思维方式，也激发了社会各领域的创新。

但是，科技是一把“双刃剑”，在提高了全社会沟通效率的同时，也会对社会产生一定的消极影响，特别是对青少年的健康成长和思想道德教育提出了新的课题。第一，部分青少年沉迷于网络游戏等网络娱乐。过度的娱乐化导致一些青少年荒废学业，甚至出现各种心理健康问题。据中国青少年网络协会 2005 年的调研显示，我国网瘾青少年占青少年网民总数的 13.2%。[①] 第二，由于互联网信息存在良莠不齐的状况，如果对互联网监管不力，就会导致青少年接触到黄赌毒、封建、暴力、迷信等不良信息，从而对其不成熟的身心产生危害，影响青少年健康成长。第三，互联网舆论相对自由，但是由于网民大多数为青少年，而青少年看待社会问题往往容易表面化、片面化、极端化，一些极端的观点反过来又会进一步误导青少年的思想，容易导致非理性思潮在互联网上传播。第四，互联网也推动了人们交往方式和学习方式的变革，所以对中小学生进行思想道德教育也需要适应互联网时代的特点，采取新的思路和新的路径，运用新的技术。在新世纪、新形势下，要紧密结合互联网时代的实际，充分认识加强和改进未成年人思想道德建设的极端重要性和紧迫性，应对挑战，因势利导，与时俱进，在继承发扬传统思想道德教育成功经验和成熟做法的同时，不断创新，以更加有力的措施，不断提高中小学思想道德教育的水平。

二、新世纪立德与树人理论与实践的历史演进

党的十六大报告中关于思想道德建设的内容为新世纪开展中小

---

① 中国青少年网络协会：《中国青少年网瘾数据报告》（2005）。

学思想道德教育提供了重要指南和政治保障。在党的十六大精神的指引下，中小学思想道德建设迎来了新的发展机遇。2004 年 2 月，中共中央、国务院印发了《关于进一步加强和改进未成年人思想道德建设的若干意见》。当时我国 18 岁以下的未成年人约有 3.67 亿，这一部分群体正好是面向民族复兴伟业的一代，他们的思想道德状况直接决定了中华民族伟大复兴的前景。因此，该文件具有重大的文化引领和战略支撑作用。从内容上来看，该文件充分肯定了青少年是祖国未来建设者这一重要定位，深刻阐释了新的历史时期青少年思想道德建设面临的机遇和挑战，客观地分析了未成年人思想道德建设工作中的许多不适应问题和亟待加强的薄弱环节，明确了加强和改进未成年人思想道德建设的指导思想、基本原则和主要任务，强调要坚持以人为本的原则，培养具有中国特色社会主义理想信念、具有高尚道德品质的全面发展的青少年。和以前相比，这一时期的中小学思想道德教育更加注重以人为本的理念，坚持贴近实际、贴近生活、贴近未成年人的原则，充分考虑到了青少年的思想实际和身心特点。比如，1999 年教育部 13 号文件明确规定，心理健康教育属于德育的范畴，所以很多学校在实践中都将德育和心理健康教育等同起来，在教育者的身份上也存在一定程度的混同。但是，随着对思想道德教育和心理健康教育的深入理解，教育主管部门逐步认识到，德育和心理健康教育其实是一组既有密切关系又有显著不同的概念。德育工作者扮演的主要是社会规范代表者和教育者的角色，目标是使学生将社会规范内化于心；而心理健康教育教师的角色是存在心理健康问题的学生的帮助者，要依据个体心理发展规律，以专业的心理健康辅导技术对学生进行帮助和治疗，有效解决学生的心理健康问题，实现学生个体心理功能的正常化，促进学生社会功能和学习功能的健康运行。所以，培养一支专兼职结合的学校心理辅导教师队伍的重要性被提上了日程，并得到了教育主管部门的高度重视。主管部门陆续出台了相应保障制度，思想道德教育的专业化、规范化、科学化水平得到了进一步提高。

此外，中青联在贯彻《关于进一步加强和改进未成年人思想道德建设的若干意见》时特别强调了互联网阵地的重要性，要求开展“青少年网络文明行动”“社区网络文明行”等活动，教育引导未成年人杜绝网络的消极影响，树立文明理念，立志为未成年人提供健康阳光的空间和环境。随后，有关部门还相继颁布了《中小学开展弘扬和培育民族精神教育实施纲要》以及《关于进一步加强中小学诚信教育的通知》等重要文件。通过全国教育系统以及其他部门的共同努力，这一时期的中小学思想道德教育取得新的历史成就，进一步增强了工作的针对性和实效性，提升了中小学思想道德教育的吸引力和感染力。

2006 年，胡锦涛提出了“八荣八耻”的重要论述，这是新的历史时期加强精神文明建设和思想道德建设的重要遵循和工作着力点，自然也是中小学进行思想道德教育的重要指南。知荣辱是中国优秀传统文化的重要精神传统，也是新时期做好思想道德教育的关键切入点，能够充分调动人民群众的道德自觉和道德实践。荣辱观应该从小抓起，从娃娃抓起，因此要充分利用好基础教育这一关键时期。胡锦涛在论述社会主义荣辱观的时候特别强调，要引导广大干部群众特别是青少年树立社会主义荣辱观。在实践中，非常注重将社会主义荣辱观深厚的历史文化渊源和鲜明的时代特色和现实针对性有机结合在一起，不仅将其作为全党全国必须贯彻落实的基本思想道德规范，也充分联系实际，突出针对性，将其作为新时期中小学思想道德教育的重要内容和重要遵循。全国中小学教育系统将“八荣八耻”纳入到中小学的德育课程体系中，组织广大教育工作者和学生开展大讨论、座谈会，利用板报、班会等各种形式宣传“八荣八耻”精神，确保“八荣八耻”理念在中小学生中入耳、入脑、入心。

2007 年党的十七大报告明确提出了“科学发展观”这一重大战略思想，指出科学发展观的第一要义是发展，核心是以人为本，基本要求是全面协调可持续，根本方法是统筹兼顾。从理论上分析，科学发展观是以人为本、全面协调、可持续的发展理念，这不仅是指导经济社会发展的重大战略思想，也是中小学思想道德教育必须牢牢坚持的最新纲领性指引，中小学思想道德教育必须坚持“以人为本”的理念。党的十七大报告针对思想道德建设也有重要论述，特别突出思想政治工作，如要重视并善于进行人文关怀和心理疏导；善于构建良好人际关系，要求全社会为青少年成长提供健康的环境。2010 年，胡锦涛在全国教育工作会议上明确指出：“坚持以人为本，在教育工作中的最集中体现就是育人为本、德育为先”“要把育人为本作为教育工作的根本要求”。[①] 这一重大理念的提出其实是对中小学思想道德教育主题和主线的精准概括，为进一步做好中小学思想道德教育提供了科学指南，标志着改革开放以来中小学思想道德教育的理念和实践均实现了初步成熟，为未来中小学思想道德教育事业的发展奠定了坚实的基础。

党的十七大之后，全国教育系统坚持以科学发展观为指导，坚决贯彻落实十七大精神，推动了中小学思想道德教育的实践创新和理论创新。在这一时期，全国中小学思想道德教育更加注重以人为

① 胡锦涛：《在全国教育工作会议上的讲话》，人民出版社2010年版，第12页。

本和素质教育，坚持改革创新精神，尊重学生的个性和自觉性，注重学生的心理健康教育，推动德育、智育、体育、美育的相互促进，着眼于面向全体学生，面向学生的全面发展。在教育方式方法上，强调把思想道德教育融入学校课堂教学、学生管理、学生生活全过程，注重思想道德教育的时代性、规律性和实效性，在思想道德教育的观念、目标、内容、方法、制度保障、责任落实等方面都取得了重大进展。

三、新世纪立德与树人理论与实践的经验

第一，注重贯彻落实育人为本、德育为先的基本理念。胡锦涛关于育人为本、德育为先的重要论述不仅对于青少年健康成长、成功具有重要的保障作用，对于做好中小学思想道德教育也起到了关键性的引领作用。明确提出德育为先这一重大命题是中华人民共和国成立之后中小学思想道德教育不断探索的重大成果和智慧结晶，标志着我国中小学思想道德教育不仅和传统政治课有所区别，而且在整个教育目标体系中具有非常重要的地位，意味着思想道德教育将更加聚焦学生个体的心灵和道德关切。中央层面提出这一重大论断，不仅为中小学思想道德教育提供了重要指南，也为中小学思想道德教育更加顺利发展提供了可靠的保障。在实践中也有典型的案例，比如中国人民大学附属中学校长刘彭芝为一名具有攻击性、性格偏激、人际沟通能力较差的“问题”少年专门配备了一名教学、管理经验丰富的老师担任班主任，并配备了一名心理学博士担任副班主任，可谓集全校之力帮助这位“问题”少年，从心理情感、学习功课、交往行为等全方位进行教育和矫正，终于成功地让孩子走上了正轨，实现了德智体美全面发展。孩子的父亲满怀感激地说：“人大附中的决定是令我意外的重大决定，体现了对孩子的爱和信心，这就是不

让一个孩子掉队。今天就是孩子重生的日子，我这个做父亲的也有信心了。”①

第二，注重以社会主义核心价值体系为引领。2006年，党的十六届六中全会通过了《中共中央关于构建社会主义和谐社会若干重大问题的决定》，首次明确提出了建设社会主义核心价值体系这一重大命题。社会主义核心价值体系的提出是改革开放以来我国经济社会发展的必然逻辑，一个国家、一个民族必然要有共同的文化认同和价值追求，尤其在一个国际局势大发展、大变革、大调整的时代，在国内经济体制深刻变革、社会结构深刻变动、利益格局深刻调整、思想观念深刻变化、社会思潮复杂多样的形势下，全社会必须有一个能共同遵循的价值体系，才能起到凝神聚气、统一思想、齐心协力的作用。社会主义核心价值体系是一个内容丰富的体系，包括马克思主义指导思想、中国特色社会主义共同理想、以爱国主义为核心的民族精神和以改革创新为核心的时代精神、社会主义荣辱观。社会主义核心价值体系是全民族共同奋斗的价值坐标，更是青少年应当遵循的道德规范。所以，在中小学思想道德教育中必须以社会主义核心价值体系为引领，将社会主义核心价值体系的精神实质融入中小学的思想道德教育中。其实，社会主义核心价值体系中的基本要素在之前的思想道德教育中都曾涉及了，但是将这些要素融为有机统一整体，使各个部分要素之间能够相互结合、相互促进，在实践中产生更好的效果，对中小学思想道德教育具有重大的指导意义，才是这一时期中小学思想道德教育的出发点和落脚点。

第三，注重思想道德教育理念及方式方法的创新。创新是永恒

① 刘彭芝：《人生为一大事而来》，高等教育出版社2004年版。

的命题，社会实践在发展，教育理念和教育方式方法自然要与时俱进。2010 年，胡锦涛在全国教育工作会议上的讲话明确提出："要把德育融入学校课堂教学、学生管理、学生生活全过程，创新德育观念、目标、内容、方法，充分体现时代性，准确把握规律性，大力增强实效性。"[①] 这一重大论断就为新世纪中小学思想道德教育实现创新发展提供了基本遵循，那就是要推动思想道德教育和课堂教育、学生管理以及学生生活的全过程和全方位相结合，既高度重视中小学思想道德教育，又清醒而深刻地把握住中小学思想道德教育的本质和规律，既发扬传统成功经验，又善于与时俱进、大胆创新，贴近生活、贴近学生的学习和生活实际，这样才能起到润物细无声的良好效果。在这一历史时期，全国中小学广泛地开展形式多样的道德实践活动和思想道德阵地建设，在全社会形成了共同关注、共同建设中小学思想道德教育的高度共识和体制机制，在实践中取得了良好的效果，为下一阶段立德树人理论与实践的继续探索奠定了扎实的历史基础。

① 胡锦涛：《在全国教育工作会议上的讲话》，人民出版社2010年版，第13页。

第五章 \ Chapter 5

立德树人：

升华与深化

★不负学习好时光　立德树人新时代★

一图读懂《习近平总书记关于教育的重要论述》

为什么学？

党的十八大以来，以**习近平同志为核心**的党中央高度重视教育事业在坚持和发展中国特色社会主义战略全局中的地位和作用，把教育摆在优先发展战略位置，**全面加强党对教育工作**的领导，提出了一系列**新理念新思想新观点**，系统回答了教育工作的**方向性、根本性、全局性、战略性**问题，形成了习近平总书记关于教育的重要论述，为做好**新时代教育工作**提供了根本遵循和行动指南。

习近平总书记关于教育的重要论述

是习近平新时代中国特色社会主义思想的重要组成部分。

是中国特色社会主义教育理论发展的最新成果。

形成了科学系统的新时代中国特色社会主义教育理论体系。

是马克思主义基本原理与中国教育实践相结合的重大理论结晶。

开辟了马克思主义教育理论和实践发展的新境界。

为加快推进教育现代化、建设教育强国、办好人民满意的教育提供了强大思想武器和行动指南。

为新时代我国教育事业描绘了蓝图、指明了方向。

该学什么？

全书共20章　**全书近22万字**　**全书263页**

以习近平总书记在全国教育大会上的重要讲话高度概括的“**九个坚持**”为统领，比较完整地体现了**习近平新时代中国特色社会主义教育理论体系**，是学习习近平总书记关于**教育的重要论述的集大成式的学习读本**。

全书除序言、导言外，包括五大部分、十八个专题。

第一部分为总论，内容为习近平总书记关于教育的重要论述指引中国教育前进方向。

着重指出

教育本质：教育决定人类未来。

教育战略：始终把教育摆在优先发展的战略地位。

根本任务：立德树人。

教育理想：中国特色世界水平的现代教育。

队伍保障：坚持把教师队伍建设作为基础工程。

发展动力：坚持文化自信。

第二部分为**核心内涵**，即“**九个坚持**”。内容包括第一章至第九章，分别是**坚持党对教育事业的全面领导，坚持把立德树人作为根本任务，坚持优先发展教育事业，坚持社会主义办学方向，坚持扎根中国大地办教育，坚持以人民为中心发展教育，坚持深化教育改革创新，坚持把服务中华民族伟大复兴作为教育的重要使命，坚持把教师队伍建设作为基础工作**。

第三部分为**总战略和目标任务**。内容包括第十章至第十四章，分别是**加快教育现代化、建设教育强国、办好人民满意的教育、推进教育公平、全面提高教育质量**。

第四部分为**与立德树人根本任务相关的重要内容**。内容包括第十五、十六章，分别是**培育和践行社会主义核心价值观、加强中华优秀传统文化教育**。

第五部分为**对外开放**。内容为第十七章，扩大教育对外开放。

怎么样学？

总体要求

持续深入学习习近平总书记关于教育的重要论述，要深刻领会其**时代背景、科学体系、精神实质**，深刻理解其**政治意义、理论意义、实践意义**，切实增强**责任感、使命感**，努力**开创新时代教育改革发展新局面**。

具体要求

一是 形成体系学。坚持把学习贯彻习近平总书记在全国教育大会上的重要讲话与在学校思想政治理论课教师座谈会的重要讲话等结合学、打通学、融会学，深刻理解科学内涵和精髓要义。

二是 带着问题学。坚持问题导向，抓住工作关键，聚焦中央关心、百姓关切、社会关注的教育热点难点问题，结合工作岗位和思想实际，深入学习研讨，确保学习往心里走、往实里走。

三是 掌握方法学。通过学习着力掌握贯穿其中的坚定信仰信念、鲜明人民立场、强烈历史担当、求真务实作风、勇于创新精神和科学方法论，全面增强学习本领、政治领导本领、改革创新本领、科学发展本领、依法执政本领、群众工作本领、狠抓落实本领、驾驭风险本领。

应把握的原则

一是 切实提高政治站位，深入学习领会和全面准确把握科学内涵和精神实质。

二是 落实教育优先发展战略，加快建设教育强国，办好人民满意的教育。

三是 落实立德树人根本任务，培养德智体美劳全面发展的社会主义建设者和接班人。

四是 把教师队伍建设作为基础工作，建设一支宏大的高素质专业化教师队伍。

五是 坚持把改革作为根本动力，以改革激发教育事业发展的生机活力。

六是 毫不动摇加强党对教育工作的全面领导，坚定不移走中国特色社会主义教育发展道路。

第一节

立德树人：时代之间的必然选择

要全面贯彻党的教育方针，落实立德树人根本任务，发展素质教育，推进教育公平，培养德智体美全面发展的社会主义建设者和接班人。

——习近平

新时代，我国教育必须回答的根本问题是“培养什么人、怎样培养人、为谁培养人”。而要科学回答这个根本问题，就要坚持正确的政治方向，落实好立德树人这一根本任务。党的十八大以来，我们党围绕“培养什么人、怎样培养人、为谁培养人”这个根本问题，坚持立德树人导向，加强党对教育事业的全面领导，推进教育和教学改革，强化学校思想政治教育工作，加快补齐教育短板，持续推进教育现代化，人民群众的教育获得感明显增强。我们在“培养什么人、怎样培养人、为谁培养人”这个根本问题上，澄清了诸多疑问，破解了许多难题，中国的教育事业进入了新时代，中国的中小学教育事业步入了新时代，立德树人在新时代中小学教育中得到了全面深化与升华。

党的十八大提出，党的教育方针是坚持教育为社会主义现代化建设服务、为人民服务，把立德树人作为教育的根本任务，培养德智体美全面发展的社会主义建设者和接班人。① 这是我们党首次明确提出立德树人的概念，它阐明了德育教育在教育中的优先地位，育人是教育的本质所在，这是在党的教育方针上的重大理论创新。这一重大理论创新是我们党在准确把握我国社会发展阶段与特征的基础上，对国家当今及未来教育任务提出的明确要求，也是我们党在对教育方针的长期探索实践基础上提出的重大论断，充分体现了国家对学校人才培养和德育工作的充分重视，也凸显了学校德育工作在国家人才培养中的重要意义。

我们通常所说的“德”，一般包括政治品德、家庭美德、职业道德和社会公德。一般来说，社会公德是“德”形成的基础和前提；职

① 《十八大以来重要文献选编》上册，中央文献出版社2014年版，第27页。

业道德是体现在职业活动中的社会公德的进一步深化，同时又是政治品德形成的重要中间环节；政治品德处于最高层次，是人才的灵魂，确保人才的政治方向，是人才成长和发展中最强有力、最持久的内在动力，同时对社会公德、职业道德的完善和提升起着引领和导向作用。“德”之所以重要，是因为教育从本质上说就是一项铸魂育人的事业，重视教育就是重视民族的根脉、重视民族的未来、重视民族的长久大计。从育人的规律来看，德育是一辈子的事情，抓得越早越细，效果越好。这就是立德树人根本任务与新时代中小学教育进一步发生深刻关联的内在逻辑。

一、新时代中小学教育立德树人理念的基本内涵

（一）把立德树人作为根本任务是对教育事业规律性的基本认识

党的十八大以来，党中央高度重视教育事业优先发展，秉持“扎根中国、融通中外、立足时代、面向未来”的理念，就教育工作做出了一系列重大决策部署。习近平总书记关于教育工作发表了一系列重要论述，深刻阐明了新时代教育改革和发展的重大理论和实践问题。他指出：“教育是提高人民综合素质、促进人的全面发展的重要途径，是民族振兴、社会进步的重要基石，是对中华民族伟大复兴具有决定性意义的事业。”[①] 之所以做出这个重要判断，是因为“时代越是向前，知识和人才的重要性就愈发突出，教育的地位和作用就愈发凸显。我国正处于历史上发展最好的时期，但要实现‘两个一百年’奋斗目标、实现中华民族伟大复兴的中国梦，必须更加重视教育，

① 习近平：《做党和人民满意的好老师——同北京师范大学师生代表座谈时的讲话》，人民出版社2015年版，第2页。

努力培养出更多更好能够满足党、国家、人民、时代需要的人才"[①]。从更宏大的意义上看，"教育决定着人类的今天，也决定着人类的未来。人类社会需要通过教育不断培养社会需要的人才，需要通过教育来传授已知、更新旧知、开掘新知、探索未知，从而使人们能够更好认识世界和改造世界、更好创造人类的美好未来"[②]。

正是出于对教育的深刻认识和思考，习近平总书记在党的十九大报告中对教育事业做了十分精辟的论述，并提出了更高的要求。他指出，建设教育强国是中华民族伟大复兴的基础工程，必须把教育事业放在优先位置，深化教育改革，加快教育现代化，办好人民满意的教育。[③] 正是在这样的高标准、高要求下，党的教育方针是落实立德树人根本任务，发展素质教育，推进教育公平，培养德智体美全面发展的社会主义建设者和接班人。[④]

习近平总书记在 2018 年 9 月 10 日召开的全国教育大会上发表了具有里程碑意义的重要讲话，全面系统地阐述了新时代中国特色社会主义教育思想，归结起来就是"九个坚持"：坚持党对教育事业的全面领导，坚持把立德树人作为根本任务，坚持优先发展教育事业，坚持社会主义办学方向，坚持扎根中国大地办教育，坚持以人民为中心发展教育，坚持深化教育改革创新，坚持把服务中华民族

① 《全面贯彻落实党的教育方针 努力把我国基础教育越办越好》，《人民日报》2016年9月10日。

② 习近平：《致清华大学苏世民学者项目启动仪式的贺信》，《人民日报》2013年4月22日。

③ 习近平：《决胜全面建成小康社会 夺取新时代中国特色社会主义伟大胜利——在中国共产党第十九次全国代表大会上的报告》，人民出版社2017年版，第45页。

④ 习近平：《决胜全面建成小康社会 夺取新时代中国特色社会主义伟大胜利——在中国共产党第十九次全国代表大会上的报告》，人民出版社2017年版，第45页。

伟大复兴作为教育的重要使命，坚持把教师队伍建设作为基础工作。习近平总书记对于“九个坚持”的总体评价是，“这是我们对我国教育事业规律性认识的深化，来之不易，要始终坚持并不断丰富发展”[①]。

（二）立德树人理念是新时代教育的鲜明标识

在继承以往教育事业和教育工作对“德”的高度重视的基础上，党的十八大报告第一次把立德树人确立为我国教育的根本任务。党的十九大报告进一步强调，要“落实立德树人根本任务”“培养德智体美全面发展的社会主义建设者和接班人”。全国教育大会将“坚持把立德树人作为根本任务”确定为规律性认识的基本内容之一。至此，立德树人这一根本任务完成了在新时代教育事业地位中的确立，从而成为新时代教育的鲜明标识。

从理论支撑上说，立德树人的背后是“每个人的自由全面发展”这一马克思主义理论的最高命题。马克思和恩格斯指出：“任何人的职责、使命、任务就是全面地发展自己的一切能力”“个人的全面发展……这也正是共产主义者所向往的”。[②] 在《共产主义原理》中，恩格斯提出：共产主义者的目的就是“使每一个社会成员都能够完全自由地发展和发挥他的全部力量和才能”[③]。在《共产党宣言》中，马克思和恩格斯更进一步言明：“代替那存在着阶级和阶级对立的资产阶级旧社会的，将是这样一个联合体，在那里，每个人的自由发展

① 《习近平在全国教育大会上强调 坚持中国特色社会主义教育发展道路 培养德智体美劳全面发展的社会主义建设者和接班人》，《人民日报》2018年9月11日。

② 《马克思恩格斯全集》第三卷，人民出版社1960年版，第330页。

③ 《马克思恩格斯选集》第一卷，人民出版社2012年版，第302页。

是一切人的自由发展的条件。”[①] 在联合国“教育第一”全球倡议行动一周年纪念活动上发表的视频贺词中，习近平总书记指出：“中国将坚定实施科教兴国战略，始终把教育摆在优先发展的战略位置，不断扩大投入，努力发展全民教育、终身教育，建设学习型社会，努力让每个孩子享有受教育的机会，努力让13亿人民享有更好更公平的教育，获得发展自身、奉献社会、造福人民的能力。”[②]

立德树人思想是习近平总书记站在全局和战略高度对“培养什么样的人、如何培养人、为谁培养人”这个根本问题的“总思考”，是对马克思人学理论、我国优秀传统育人文化和中华人民共和国成立后党的几代领导人德育思想的传承与升华，深刻回答了新时代中国特色社会主义教育究竟要“立何德，树何人”的问题。[③] 立德树人思想是对我国数千年教育传统的创造性继承与创新性发展，是对中国共产党九十多年思想道德建设和中华人民共和国成立以来教育改革发展经验的高度凝练和系统总结，不但赋予了“人德共生”新的更富时代性和创造性的内涵，而且其所秉承的集体主义、爱国主义等优良品质，也深度契合了世界教育由科学主义向人本主义、由知识技能教育向价值观教育转向的历史大势，是新的历史条件下推进教育改革发展的根本指针。[④] 立德树人思想是马克思主义和马克思主义中国化理论成果在教育领域的具体体现，它借鉴了教育学、心理学等相关学科的理论成果，更继承了中国共产党领导人民长期实践的红

---

① 《马克思恩格斯选集》第一卷，人民出版社2012年版，第422页。

② 《习近平谈治国理政》第一卷，外文出版社2018年版，第191页。

③ 戚如强：《习近平立德树人思想的理论渊源与精神实质》，《马克思主义研究》2018年第7期。

④ 韩丽颖：《立德树人：生成逻辑·精神实质·实践进路》，《东北师大学报》（哲学社会科学版）2016年第6期。

色基因，经过加工、改造和转化，逐步形成了基本概念和理论体系，这种借鉴和继承有效地推动了基础教育立德树人事业的发展。[①]

从具体内容上看，我国教育政策法规中所体现的学生核心素养观具有以下几个特征：第一，我国的人才培养始终坚持社会主义性质和方向。维护社会主义利益，为社会主义服务，是我国教育方针和目标的根本所在。第二，我国的人才培养目标以德智体为主线，具体内容随社会发展而变化。第三，德育为先、能力为重、全面发展越来越成为素质教育的发展趋势，学生的社会责任感、创新精神和实践能力等得到空前重视。[②]

众所周知，中国的教育体系由基础教育和高等教育组成，基础教育主要包括幼儿教育、小学教育和普通中等教育，在整个教育体系中扮演着关键角色。基础不牢、地动山摇，抓好基础教育对于办好高等教育来说是一个重要前提。早在 1977 年，联合国教科文组织在肯尼亚首都内罗毕召开的一次重要的高级教育计划研讨会上，与会官员和学者普遍认为，基础教育是向每个人提供并为一切人所共有的最低限度的知识、观点、社会准则和经验的教育，目的是使每一个人能够发挥自己的潜力、创造性和批判精神，以实现自己的抱负和获得幸福，并成为一个有益的公民和生产者，对所属的社会发展贡献力量。

2016 年，中央组织部、教育部党组联合印发《关于加强中小学校党的建设工作的意见》，明确提出中小学教育是国民教育体系的

① 王岩：《新时期习近平教育立德树人思想溯源及基本内涵探究——以促进我国基础教育事业发展的视角》，《黑龙江教育学院学报》2018年第4期。

② 林崇德：《中国学生核心素养研究》，《心理与行为研究》2017年第2期。

基础，担负着培养德智体美全面发展的社会主义建设者和接班人的重要使命。加强中小学校党的建设，对于全面贯彻党的教育方针、保证社会主义办学方向、落实立德树人根本任务、办好人民满意的教育，具有重要意义。[①]

（三）立德树人是对教育根本任务做出的科学论断

党的十八大报告明确提出要把立德树人作为教育的根本任务。这一思想的提出和实践为新形势下加强和改进德育工作指明了方向和实践路径。把立德树人确立为教育发展的根本任务不仅是对我国优秀传统文化中关于育人思想的正确扬弃，更是基于对我国教育事业长期发展实践经验的科学总结，是在遵循教育规律基础上的实践创新，同时也是对先前“坚持育人为本、德育为先”理念的提炼和深化，是党和国家站在新时代的战略高度，结合新时期的教育实践对教育根本任务做出的重要科学论断。立德树人理念适应新时期中国特色社会主义发展新要求，为广大德育思想工作者指明了教育改革发展的努力方向，体现了我国对当代德育工作规律和特点的认识和把握，它的提出与实践为我国培养高素质人才队伍指明了方向，注入了思想动力。立德树人不仅是教育领域关于人才培养的核心理念，也是我国德育工作的核心价值。在长期的教育实践中，我们党历来重视立德树人的德育价值理念。中华人民共和国成立以来，我们党就在教育思想领域提出并坚持做到了立德树人的教育思想和要求，并且伴随着我国教育实践的深入发展，我们国家又对这一思想的认识进行了不断的提升和深化。立德树人的思想和要求在全社会得到进一步的重视和强调，成为指导党和国家教育方针的本质要求，上

① 新华网2016年9月29日。

升为教育发展的战略地位，成为德育思想建设实践工作中的根本任务。

特别是习近平总书记在北京市八一学校考察时专门指出，基础教育是立德树人的事业，要旗帜鲜明加强思想政治教育、品德教育，加强社会主义核心价值观教育，引导学生自尊自信自立自强。基础教育是提高民族素质的奠基工程，要遵循青少年成长特点和规律，扎实做好基础的文章。基础教育要树立强烈的人才观，大力推进素质教育，鼓励学校办出特色，鼓励教师教出风格。①

提出“基础教育是立德树人的事业”的重要论断，体现了习近平总书记从基础教育自身特点出发而对基础教育的深刻思考。《中华人民共和国义务教育法》规定：“义务教育必须贯彻国家的教育方针，努力提高教育质量，使儿童、少年在品德、智力、体质等方面全面发展，为提高全民族的素质，培养有理想、有道德、有文化、有纪律的社会主义建设人才奠定基础。”②《中国教育改革与发展纲要》明确指出：“基础教育是提高民族素质的奠基工程。”③ 这说明，基础教育的价值主要表现在：它的基本目标在于提高整个中华民族的素质，它的对象和着眼点是全体人民，而不是一部分人，更不是少数人；它的功能是为提高全民族的素质奠定基础，强调的是基本素质的培养，而不是专业或某些专门人才的培养。因而，立德树人在中小学具有特殊的重要性。

---

① 习近平：《全面贯彻落实党的教育方针 努力把我国基础教育越办越好》，《人民日报》2016年9月10日。

② 全国人民代表大会常务委员会法制工作委员会：《中华人民共和国法律汇编（1985—1989）》，人民出版社1991年版，第128页。

③ 《十四大以来重要文献选编》上册，人民出版社1996年版，第64页。

中国共产党领导人立德树人理念的演进脉络

习近平

要全面贯彻党的教育方针，落实立德树人根本任务，发展素质教育，推进教育公平，培养德智体美全面发展的社会主义建设者和接班人。

胡锦涛

坚持育人为本、德育为先，实施素质教育，提高教育现代化水平，培养德智体美全面发展的社会主义建设者和接班人，办好人民满意的教育。

江泽民

青少年是祖国的未来、民族的希望，要十分重视青少年思想道德建设。

邓小平

要努力使我们的青少年成为有理想、有道德、有知识、有体力的人，使他们立志为人民作贡献，为祖国作贡献，为人类作贡献，从小养成守纪律、讲礼貌、维护公共利益的良好习惯。

毛泽东

我们的教育方针，应该使受教育者在德育、智育、体育几方面都得到发展，成为有社会主义觉悟的有文化的劳动者。

二、习近平同志在地方工作中对立德树人理念的实践探索

习近平总书记对于德育重要性的认识，是从青年时代就开始了。特别是在七年的知青岁月，他刻苦学习文化知识、自觉加强德性修炼的历程，对他的内心产生了永久的影响。因此，20 世纪 80 年代初到正定县工作后，他对教育事业、文化事业的重视程度众所周知。但是，真正称得上从立德树人的高度看待教育事业的时期，乃是习近平同志到了福建宁德工作之后。自那以后，习近平同志的相关思考随着工作职责的增加而愈益深刻。

（一）立德树人理念与“两个文明一起抓”

20 世纪 90 年代末，习近平同志在宁德工作期间，坚持“把教育摆在先行官的位置”。[1] 习近平同志正视闽东教育的现实，明确要求用长远的战略眼光来看待教育，把教育作为闽东经济社会发展的头等大事来抓；在经济实力不足的情况下，要讲究办教育的效益；要努力把教育的热能转化为经济发展的动能，既强调教育的普及，又讲究教育的实效。在习近平的重视和推动下，宁德地区形成了“全党抓教育，大力办学校”的良好氛围，全区教育呈现了新的发展态势，1990 年小学阶段的“四率”首次达到省颁一类标准，幼儿入园率达到 49.8%，高中及职高超额完成招生任务，初中升学率达到 67.42%，全区 95% 的行政村办起了文化技术学校，脱盲率达到 93.4%，小学文化程度占总人口的比例超过全省平均水平五个百分点，闽东的教育

① 习近平：《摆脱贫困》，福建人民出版社1992年版，第129页，

有了一个历史性的飞跃。①

宁德地委行署先后召开了整顿校园治安秩序工作会议、全区教育部门和学校负责人会议，全面研究和部署加强学校的思想政治工作。教育部门采取了一系列措施，加强和改进学校思想政治工作。地区教委召开了中学德育工作研讨会，认真回顾总结中学德育工作经验，反思工作的薄弱环节，进一步明确了加强和改进德育工作的方向、方式、方法。全区学校德育工作蓬勃开展。

1989 年，时任宁德地委书记的习近平到宁德师专与师生座谈，此次座谈会最能典型体现习近平同志关于教育事业中立德树人根本任务的思考。在此次座谈中，习近平首先强调："要加强爱国主义教育，反对民族虚无主义。要使广大青年学生普遍受到深刻的爱国主义教育。"② 爱国主义是中华民族的光荣传统，是推动国家前进的巨大力量，是各族人民团结一致的精神支柱，同时，它也是培养"四有"新人的最基本要求。在各大院校中对青年学生加强爱国主义教育，培养他们的爱国主义思想，提高爱国主义觉悟，对他们的健康成长起着重要作用。习近平要求不断加强爱国主义教育，确保为青年学生的思想筑起一道防护墙，避免让无视民族特点，丧失民族自尊心、自信心，否定本民族传统文化的民族虚无主义有机可乘。

其次，习近平表示："青年学生要注意从历史中吸取营养，树立民族自尊心，增强历史的责任感和使命感，树立正确的政治观点，把握正确的政治方向，培养正确的人生观和世界观。"③ 习近平希望青

---

① 林德文：《把教育摆在先行官的位置》，《闽东日报》2015年3月23日。
② 中国青年网2015年5月4日。
③ 中国青年网2015年5月4日。

年通过学习中国的历史，培养他们的爱国心，开阔他们的胸怀。与此同时，青年会更加明白自己担负的使命与责任，内心深处会有源源不断的动力涌现出来。

最后，习近平强调："青年学生要正确认识我们的国情和面临的困难，积极投身到改革、建设的洪流中，在实践中施展自己的才华，实现自己有意义的人生价值。"[①] 考虑到当时的政治大环境、大背景，再结合习近平同志从梁家河到宁德的经历，可以深刻体会到，这时习近平同志对于教育立德树人根本任务的思考，已经达到了相当的政治高度——把立德树人与青年人的人生价值追求、国家的前途命运和政权安危联系起来思考。

支撑着这一思考的背后，是习近平同志关于社会主义现代化进程中物质文明和精神文明协调发展的战略思考。1997 年，时任福建省委副书记的习近平在《福建论坛》杂志上发表重要文章"论《〈政治经济学批判〉序言》的时代意义"，对精神文明建设和物质文明建设之间的关系进行了深入思考，鲜明体现了习近平对精神文明建设也就是思想道德建设的深刻思考。习近平在文中指出，精神文明建设和物质文明建设之间是互为条件、互相促进的辩证统一关系。不能把精神文明建设"虚化"甚至与物质文明建设对立起来，而应把精神文明建设摆到与物质文明建设同等重要的位置，将其纳入国民经济和社会发展的总体规划之中，作为社会主义现代化建设必须实现的统一目标，使两个文明建设"两翼齐飞""双轮共转"，共同推动经济和社会协调发展。

实际上，作为对这一思想的延续和深化，2015 年 2 月 28 日，

---

① 中国青年网2015年5月4日。

习近平总书记在会见第四届全国文明城市、文明村镇、文明单位和未成年人思想道德建设工作先进代表时的讲话中指出，实现中华民族伟大复兴的中国梦，物质财富要极大丰富，精神财富也要极大丰富。[①] 要坚持“两手抓、两手都要硬”，以辩证的、全面的、平衡的观点正确处理物质文明和精神文明的关系，把精神文明建设贯穿改革开放和现代化全过程、渗透社会生活各方面，紧密结合培育和践行社会主义核心价值观，大力倡导共产党人的世界观、人生观、价值观，坚守共产党人的精神家园；大力加强社会公德、职业道德、家庭美德、个人品德建设，营造全社会崇德向善的浓厚氛围；大力弘扬中华民族优秀传统文化，大力加强党风政风、社风家风建设，特别是要让中华民族文化基因在广大青少年心中生根发芽。[②]

（二）立德树人理念与未成年人思想道德建设

2004 年 6 月 21 日，《学习时报》刊发了一篇对时任浙江省委书记习近平的访谈，该文集中体现了习近平对未成年人思想道德建设工作的深刻思考，从而集中体现了习近平对青少年德育工作的思考，为新时代德育工作的开启培育了重要的思想萌芽。

在访谈中，习近平认为，要从战略的高度深刻认识加强和改进未成年人思想道德建设工作的重要性，把未成年人的培养方向和素质教育的内涵搞清楚，着力提高未成年人品质修养，提高他们适应社会、解决实际问题的能力，提高他们承受困难和挫折的毅力，真正从重智轻德的误区中走出来。要从机制上提高德育工作者的地位，让更多高素质的教师热爱德育工作。要根据不同年龄段施以不同的德育内容和

① 《习近平谈治国理政》第二卷，外文出版社2017年版，第323页。
② 《习近平谈治国理政》第二卷，外文出版社2017年版，第324页。

德育方式，提高德育工作的针对性和实效性。要按照统筹发展的理念，把未成年人思想道德建设纳入到方方面面的工作中去，形成全社会齐抓共管的局面，为未成年人营造良好的健康成长环境。

关于未成年人思想道德建设工作的重要性，习近平认为，未成年人思想道德建设是一项涉及亿万家庭切身利益的民心工程，更重要的是一项事关国家长治久安的战略工程。没有青少年就没有未来。忘记过去，就意味着背叛。苏东剧变的教训要牢牢记住。一代先烈流血牺牲打下的江山，不能像苏联那样给毁了。未成年人的工作，是事关未来的事业，决定以后的领导集体和一代人的基础。[①]

关于未成年人要具备的素质、能力和品质，习近平认为，未成年人起码要具备爱国、爱社会主义的品质，因此，要对未成年人进行红色教育，告诉他们我们的历史是怎么过来的。今天的伟大成就不是天上掉下的馅饼，是中国共产党人总结了几千年的历史，用血的代价换来的。这条道路，亿万中国人是拥护的，只有这条道路才能救中国。在素质教育中，要重视良好道德和品质的培养。如对传统的忠孝节义要注入新的内容。百善孝为先，要教育未成年人学会孝敬父母。要教他们学会尊重他人，特别要尊重关心自己的人、为自己服务的人。要教他们学会自责、自省，能自责、自省就会有进步的动力和方向。所以要注重平常人素质的培养，如情感、意志力、应变能力、心理健康等，提高处理生活的能力和承受挫折的毅力。能力，应该包括应变能力、解决实际问题的能力、处理复杂问题的能力。情商很难量化，但是我们现行的教学往往考虑更多的是学业分数这些能量化的标准，

---

① 《要从战略高度重视未成年人思想道德建设工作——中共浙江省委书记习近平答本报问》，《学习时报》2004年6月21日。

这就要引起我们的重视。

关于德育在学校教育中的地位，习近平认为，学校教育应该把德育放在首位。这是因为,对未成年人进行思想道德教育,学校是主渠道。要持续转变未成年人思想道德建设工作的观念。德育工作要建立责任制。不给德育一定地位，就不能吸引最好的老师从事德育工作，就不能提高德育工作水平。“大家一起努力，逐步改变目前重智轻德的观念和做法。”①

关于德育课的教学方式及目标效果，习近平认为，要尊重未成年人，从他们生理、心理和认知接受能力的实际出发，分层施教，分类施教，讲究实效。要了解青少年的思想实际和生理特点，适应现在未成年人的实际情况。适应就是要做到求真务实，摒弃过时的教学方法，采用和探索新的教育方法，还要与时俱进，大胆创新，改进德育工作方式和德育内容，提高学校德育工作的针对性和实效性。

关于做好未成年人思想道德建设的方法，习近平认为，孩子的健康成长牵动亿万父母的心。立党为公，执政为民，具体到未成年人的培养上，就是要为他们做实事、办好事。未成年人思想道德建设工作是涉及面很宽的一项重要工作，凡是涉及的部门都要将其纳入自己的工作范围，党委和政府要加强领导，统筹安排，群团组织要发挥作用，形成齐抓共管的格局。

---

① 《要从战略高度重视未成年人思想道德建设工作——中共浙江省委书记习近平答本报问》，《学习时报》2004年6月21日。

★不负学习好时光　立德树人新时代★

习近平总书记
关于教育的重要论述

重要论述

总方向　坚持中国特色社会主义教育发展道路。

总战略　优先发展教育事业。

总定位　建设教育强国是中华民族伟大复兴的基础工程。

总要求　深化教育改革，加快教育现代化，办好人民满意的教育。

总任务　全面贯彻党的教育方针，落实立德树人根本任务，发展素质教育，推进教育公平，培养德智体美劳全面发展的建设者和接班人。

特点

内涵丰富　思想深邃　博大精深

展现长远的战略高度

历史深度　全球广度

核心内涵

九个坚持

坚持党对教育事业的全面领导是办好我国教育事业的根本保证

坚持把立德树人作为根本任务是办好我国教育事业的根本方针

坚持优先发展教育事业是办好我国教育事业的战略部署

坚持社会主义办学方向是办好我国教育事业的根本方向

坚持扎根中国大地办教育是我国教育事业的发展道路和基本特色

坚持以人民为中心发展教育是办好我国教育事业的价值追求

坚持深化教育改革创新是办好我国教育事业的根本要求和动力

坚持把服务中华民族伟大复兴作为教育的重要使命是我国教育事业的神圣职责

坚持把教师队伍建设作为基础工作是办好我国教育事业的重要保障

实践基础

习近平总书记在领导全党和全国人民开创中国特色社会主义新时代的伟大实践中，始**终把教育工作摆在突出位置**，在多次考察教育发展和学校办学情况以及在国内外多个重要会议上，对教育工作发表了一系列重要讲话，深刻论述了**教育的方向性、全局性、前瞻性和战略性重大问题**，深刻论述了**新时代我国教育改革和发展的重大理论问题和实践问题**，形成了**系统科学的新时代中国特色的社会主义教育理论体系**。

历史地位

一是 传承了中华优秀传统教育思想，借鉴了当今世界优秀教育成果，总结了我们党领导教育工作的历史经验，是马克思主义教育理论的丰富和发展，是党的创新理论的重要组成部分，是推动我国教育事业发展的根本遵循。

二是 既根植于中华民族崇文尚教的优良传统，又体现了中国特色社会主义进入新时代的鲜明特征，是马克思主义基本原理与中国教育实践相结合的重大理论结晶，是习近平新时代中国特色社会主义思想的重要组成部分，为加快教育现代化、建设教育强国、办好人民满意的教育提供了强大的思想武器和行动指南。

三是 站在历史与现实、中国与世界、社会家庭与学校、教育与人的成长等战略高度，立足现实需要，深刻指明了教育的根本作用、根本目标、根本任务、根本保证等本质特征，回答了教育的战略性问题、根本性问题和关键性问题，为中国特色社会主义教育事业发展指明了方向，为新时代我国教育改革发展提供了根本遵循。

学习原则

一是 必须牢固树立政治意识、大局意识、核心意识、看齐意识，在政治立场、政治方向、政治原则、政治道路上同以习近平同志为核心的党中央保持高度一致，自觉维护习近平同志为核心的党中央的权威和集中统一领导。

二是 必须大力弘扬马克思主义学风，切实提高推动发展、解决问题的能力，坚定自觉地把党中央各项决策部署落到实处。

三是 必须自觉用习近平新时代中国特色社会主义思想武装头脑、指导实践、推动工作，全面贯彻党的教育方针，落实立德树人根本任务，办好中国特色社会主义教育。

三、新时代中小学教育立德树人的政治考量

新时代中小学教育确立立德树人根本任务，从本质来说是一种深层次的政治考量。突出强调坚持办学正确政治方向，是新时代中小学教育立德树人的政治前提、本质要求，也是其鲜明的新时代特征。

坚持办学正确政治方向是教育和办学的规律性现象。2018 年 5 月 2 日，习近平总书记在北京大学师生座谈会上发表了重要讲话，他指出："古今中外，关于教育和办学，思想流派繁多，理论观点各异，但在教育必须培养社会发展所需要的人这一点上是有共识的。培养社会发展所需要的人，说具体了，就是培养社会发展、知识积累、文化传承、国家存续、制度运行所要求的人。"[①]"每个国家都是按照自己的政治要求来培养人的……我国社会主义教育就是要培养社会主义建设者和接班人。"[②]由此可见，政治要求是教育办学的必然要求，唯有明确正确的政治方向，教育事业才能健康可持续发展。

2017 年 12 月 8 日，习近平总书记在全国高校思想政治工作会议上的讲话中强调："高校思想政治工作关系高校培养什么样的人、如何培养人以及为谁培养人这个根本问题。"[③]广而言之，高校是如此，各级学校都是如此，整个教育事业都是如此。

作为对这一思考的深化和升华，2018 年 9 月 10 日，习近平总书记在全国教育大会上指出："培养什么人，是教育的首要问题。"[④]

---

① 习近平：《在北京大学师生座谈会上的讲话》，人民出版社2018年版，第5页。
② 习近平：《在北京大学师生座谈会上的讲话》，人民出版社2018年版，第6页。
③ 《习近平谈治国理政》第二卷，外文出版社2017年版，第376页。
④ 《习近平在全国教育大会上强调 坚持中国特色社会主义教育发展道路 培养德智体美劳全面发展的社会主义建设者和接班人》，《人民日报》2018年9月11日。

我国是中国共产党领导的社会主义国家，这就决定了我们的教育必须把培养社会主义建设者和接班人作为根本任务，培养一代又一代拥护中国共产党领导和我国社会主义制度、立志为中国特色社会主义奋斗终身的有用人才。这是教育工作的根本任务，也是教育现代化的方向目标。

新时代教育要坚持正确的政治方向，有着十分厚重的内涵。正如习近平总书记所指出的，要从四个方面加以理解和认识，即教育引导学生正确认识世界和中国发展大势、正确认识中国特色和国际比较、正确认识时代责任和历史使命、正确认识远大抱负和脚踏实地。[①] 这四个方面相辅相成、相互贯通，为新时代教育指明了根本政治方向。

因此，坚持办学的正确政治方向是立德树人的内在要求。习近平总书记认为，人才培养一定是育人和育才相统一的过程，而育人是本。人无德不立，育人的根本在于立德。这是人才培养的辩证法。办学就要尊重这个规律，否则就办不好学。要把立德树人的成效作为检验学校一切工作的根本标准，真正做到以文化人、以德育人，不断提高学生思想水平、政治觉悟、道德品质、文化素养，做到明大德、守公德、严私德。[②] 业务与政治的有机统一，政治与道德的有机统一，这是中国特色社会主义教育的显著特点，也是一个本质性的规定。

坚持正确的政治方向落实到具体机制上，就是要加强党对教育工作的全面领导。习近平总书记就此指出，加强党对教育工作的全面领导，是办好教育的根本保证。教育部门和各级各类学校的党组织要增强“四个意识”、坚定“四个自信”，做到“两个维护”，坚定

---

① 《习近平谈治国理政》第二卷，外文出版社2017年版，第377–378页。

② 习近平：《在北京大学师生座谈会上的讲话》，人民出版社2018年版，第7页。

不移维护党中央权威和集中统一领导，自觉在政治立场、政治方向、政治原则、政治道路上同党中央保持高度一致。各级党委要把教育改革发展纳入议事日程，党政主要负责同志要熟悉教育、关心教育、研究教育。各级各类学校党组织要把抓好学校党建工作作为办学治校的基本功，把党的教育方针全面贯彻到学校工作各方面。[①] 他特别强调："思想政治工作是学校各项工作的生命线，各级党委、各级教育主管部门、学校党组织都必须紧紧抓在手上。要精心培养和组织一支会做思想政治工作的政工队伍，把思想政治工作做在日常、做到个人。"[②]

四、新时代中小学教育立德树人的深刻背景

提出新时代中小学教育立德树人的根本任务，具有深远的考虑，与新时代中小学教育的基本背景有着不可分割的联系。

从国际背景看，当今世界格局正发生着深刻而复杂的变化，新兴国家逐渐崛起，国际竞争更加多元化、复杂化。随着经济全球化、政治多极化、社会信息化的迅速发展，文化多样化和差异化之间的矛盾日益突出，在国际交流逐渐增多的情况下，中国的中小学教育特别是立德树人教育面临新的机遇和挑战。

从机遇的角度看，随着经济全球化、一体化的发展，各国之间的沟通交流逐渐增多，交往更加便利，促进了不同文化之间的交流与融

① 《习近平在全国教育大会上强调 坚持中国特色社会主义教育发展道路 培养德智体美劳全面发展的社会主义建设者和接班人》，《人民日报》2018年9月11日。

② 《习近平在全国教育大会上强调 坚持中国特色社会主义教育发展道路 培养德智体美劳全面发展的社会主义建设者和接班人》，《人民日报》2018年9月11日。

合，这不仅有利于我国充分借鉴国外优秀的、先进的文化思想成果，还有利于推动我国文化和价值观的对外传播。同时，社会信息化的快速发展扩大了文化交往的范围，加速了人们的观念更新，创新了不同民族文化间的交流媒介，有利于提升中华文化的世界影响力。

从挑战的角度看，世界各国软实力的较量日益加剧，随着中国国际影响力的不断提升，国际上某些敌对势力加强对我国的意识形态渗透，对广大人民群众的思想造成较大的影响。由于西方思想文化的渗透和冲击等，意识形态领域各种“反马”“非马”的言论频繁出现，导致一些青少年对马克思主义丧失信仰，对社会主义、共产主义丧失信念。由于青少年不能敏锐地甄别各种文化信息，容易受到西方文化的片面影响，从而使西方文化和价值观中糟粕的一面对青少年的思想造成冲击，使得集体主义、爱国主义、社会主义等中国原有价值观念受到冲击，给我国培育和弘扬社会主义核心价值观带来不可估量的影响。在思想文化交流交融交锋中，有的青少年缺少自觉坚守马克思主义文化主流地位的意识，盲目崇拜西方文化，缺乏对中华优秀传统文化的自觉与自信，缺失发展、传播、繁荣中华文化的责任感和使命感。面对西方思想观念、价值理念、社会思潮的渗透冲击，部分青少年质疑传统的价值理念与道德准则，在价值评判与选择上感到困惑迷茫，以致崇拜个人主义、自由主义、利己主义等价值理念，无法把握好、把握牢世界观、人生观、价值观的“总开关”。习近平总书记指出，我们要秉承尊重差异、包容多样的态度，在多元中立主导，在多样中谋共识，在多变中定方向，让一切有益思想文化的涓涓细流汇入主流意识形态的浩瀚大海。同时，我们要增强政治敏锐性和政治鉴别力，对鱼龙混杂的思想观点，要辨析甄别、过滤净化，不能照单全收，对各种错误思潮，要保持警惕、有效防范。

从国内背景看，我国经济发展迅速，综合国力不断增强，人民群众生活水平不断提高，经济、政治、文化、社会、生态文明等领域都获得了长足发展，为现阶段思想道德建设向前推进提供了坚实的物质基础、有力的政治保证与良好的环境条件。人民群众在家庭美德、职业道德、社会公德和个人品德等方面的思想认识都有所提升。同时，各种纷繁复杂的社会矛盾、热点难点问题也随之而来，经济、社会、文化发展的多元化和复杂化导致价值观的变化。如在一些中小学生中出现了不同程度的信仰危机、诚信危机、价值取向多元化和公德意识淡漠等问题；利益多元化和物质利益的驱动力使腐败现象蔓延，拜金主义、享乐主义、极端个人主义等不良现象不时出现。正如习近平指出的，当前未成年人思想道德建设面临许多新情况、新问题，市场经济发展中出现的消极方面，给未成年人健康成长带来一些负面影响；互联网、手机等新兴媒体中传播的一些腐朽落后文化和有害信息，对未成年人的成长产生不良作用；党风、政风和社会风气方面存在的一些消极腐败现象，以及假冒伪劣、欺诈偷盗、封建迷信和“黄、赌、毒”等丑恶现象，直接危害未成年人的身心健康；一些社会消极因素甚至诱发青少年违法犯罪。[①] 可以说，当现代城乡社会结构出现巨大变革、城镇化生活方式带来文化转型、生育政策开展历史变革时，传统的家庭宗法和邻里乡党网络土崩瓦解，私德的养成失去了基因环境，公德的培育又缺乏培育土壤，道德伦理纽带出现了断层，身份认同和文化认同出现了危机，道德教育也就失去了最稳定的载体。[②]

从中小学教育自身存在的问题看，有些情况还比较突出，比如教

---

① 习近平：《之江新语》，浙江人民出版社2007年版，第65页。

② 徐蕾：《培养道德自觉：立德树人的现实路径》，《当代教育科学》2016年第5期。

育没有体现青少年的成长规律，没有考虑青少年的需求特点，不能满足青少年的深层次需求，甚至不能正确及时回应青少年的思想认识问题。习近平曾指出："现在有一个现象值得重视，就是童谣低俗化、成人化的现象比较突出。还有的乱改古诗，乱编'脱口秀'。儿童辨别是非的能力不强，抵抗诱惑的能力也很弱。童谣的健康与否关系着孩子的'精神空间'和'心理空间'，对孩子的成长影响深远。"[①]突出体现的一点就是：一方面现今儿童的思想构成远比我们想象的要复杂得多，另一方面也说明现有的儿童文学作品、儿歌不能满足孩子们的思想发展需要，必须加大思想道德建设力度，努力为未成年人提供丰富多彩的精神文化产品。必须看到的是，当前学校德育课程实施过程中仍然存在一些忽视立德树人的教育现象。例如，教学过程中只注重德育知识的灌输，忽视了学生价值观的培育；侧重学生学业成绩的提高，漠视了学生自由全面发展的精神价值需求。[②]当前学校德育存在着"学校中心论""专门德育论"和"即时效果论"三大认识误区，从根本上制约了学校德育的深入发展。"去中心化"使学校教育的优势式微；专门化的学校德育，对学生的品德形成和发展并不一定是"福音"；经济主义导向的德育实效追求并不恰当。[③]

关于提出立德树人理念的背景，一位教师曾这样写道："长期以来，许多中小学教师只知埋头教书，只关注学生应试成绩，渐渐淡忘了课程实践的根本功能——育人，渐渐失去了对'培养什么人、怎样培养人、为谁培养人'这一根本问题的关怀意识，致使整个课程体系

① 习近平：《之江新语》，浙江人民出版社2007年版，第66页。
② 邵志豪：《新时期青少年德育本质意涵论析》，《社会科学战线》2016年第10期。
③ 杜时忠：《当前学校德育的三大认识误区及其超越》，《教育研究》2009年第8期。

迈向了‘失魂’的边缘，课程的人文底蕴被削弱，整个学校课程体系沦为知识教育、应试教育、功利教育的附庸。”[①] 从某种意义上，这并非危言耸听。

五、新时代中小学教育立德树人的实践路径

在当前的特定时代和社会情境中，立德树人的提出，同样包含着丰富而具体的社会与时代内涵，而准确地把握这一内涵是立德树人能够真正得以实现的前提。[②]

新的时代呼唤新的德育，2017 年党的十九大召开前，教育部出台了《中小学德育工作指南》，使中小学德育工作有了新抓手。在这之前，中小学德育工作一直遵循的还是国家教育委员会分别于 1993 年颁布的《小学德育纲要》和 1995 年颁布的《中学德育大纲》，在 20 多年的实践过程中，党和国家根据时代发展和实践的需要，在两个纲要的框架下，发布了与中小学德育相关的各类文件。2017 年发布的《中小学德育工作指南》是党和国家在新的历史时期，对过去 20 多年中小学德育纲要的改革，《指南》的出台，为中小学校在新时代进行德育工作提供了价值遵循和切实可用的操作方法。

《指南》进一步明确了中小学德育工作的指导思想和基本原则，指出要始终坚持育人为本、德育为先，大力培育和践行社会主义核心价值观，以培养学生良好思想品德和健全人格为根本，以促进学生形成良好行为习惯为重点，以落实《中小学生守则（2015 年修订）》

---

① 明刚编著：《教师如何立德树人》，中国轻工业出版社2015年版，第3页。

② 王晓莉：《“立德树人”何以可能——从道德教育角度的审思与建议》，《全球教育展望》2014年第2期。

为抓手，坚持教育与生产劳动、社会实践相结合，坚持学校教育与家庭教育、社会教育相结合，不断完善中小学德育工作长效机制，全面提高中小学德育工作水平，为中国特色社会主义事业培养合格建设者和可靠接班人。[①] 这是做好中小学德育工作的基本遵循。

《指南》明确了德育工作的四个基本原则：一是坚持正确方向。加强党对中小学校的领导，全面贯彻党的教育方针，坚持社会主义办学方向，牢牢把握中小学思想政治和德育工作的主导权，也就是意识形态的主导权，保障中小学校成为坚持党的领导的坚强阵地。二是坚持遵循规律。要符合中小学生年龄特点、认知规律和教育规律，注重学段衔接和知行统一，强化道德实践、情感培育和行为习惯的养成，努力增强德育工作的吸引力、感染力和针对性、实效性。三是坚持协同配合。发挥学校主导作用，引导家庭、社会增强育人责任意识，提高对学生道德发展、成长成人的重视程度和参与度，形成学校、家庭、社会协调一致的育人合力。四是坚持常态开展。推进德育工作制度化、常态化，创新途径和载体，将中小学德育工作要求贯穿融入学校各项日常工作当中，努力形成一以贯之、久久为功的德育工作长效机制。即德育工作绝对不能仅仅限于德育课程，要发挥德育课程的主阵地作用，同时要形成全员育人、全方位育人、全程育人的局面，使其融入学校教育教学的各方面工作当中去，落在细微之处。[②]

《指南》明确了中小学德育工作的五项主要内容：德育工作的内容着眼于为学生一生的成长打好思想基础，着眼于为中国特色社会主义事业培养合格建设者和可靠接班人，明确了中小学德育工作的

① 中华人民共和国教育部政府门户网站2017年8月22日。
② 中华人民共和国教育部政府门户网站2017年8月22日。

总体目标。同时根据中小学生年龄特点、认知能力和教育规律，按照小学低年级、小学中高年级、初中学段、高中学段四个阶段，提出了分层次的德育目标，既强调德育工作的针对性，又突出德育工作的有机衔接和逐级递进。

整体来看，《指南》明确将理想信念教育、社会主义核心价值观教育、中华优秀传统文化教育、生态文明教育、心理健康教育作为中小学德育的主要内容加以强调。提出了学段衔接的德育目标，细化了实施途径和要求，着力构建方向正确、内容完善、学段衔接、载体丰富、常态开展的德育工作体系。这是习近平新时代中国特色社会主义思想对中小学德育提出的新要求、新纲领、新遵循。

习近平总书记在全国教育大会上就德育提出了五点明确要求，即要在坚定理想信念上下功夫，要在厚植爱国主义情怀上下功夫，要在加强品德修养上下功夫，要在增长知识见识上下功夫，要在培养奋斗精神上下功夫。[①]坚定理想信念、厚植爱国主义情怀、加强品德修养、培养奋斗精神正是中小学德育的核心内容，正是中小学德育需要着力推进和长期坚持的重要方向。

新时代，中小学校德育工作必将在习近平新时代中国特色社会主义思想指引下，在《中小学德育工作指南》的指导下，全面、深入、有序、创造性地开展，培养出一代又一代拥护党的领导和社会主义制度，立志为坚持和发展中国特色社会主义、实现中华民族伟大复兴而奋斗终身的有用人才。

---

① 《习近平在全国教育大会上强调　坚持中国特色社会主义教育发展道路　培养德智体美劳全面发展的社会主义建设者和接班人》，《人民日报》2018年9月11日。

六、新时代中小学教育立德树人的实践成效

习近平总书记强调指出，立德树人是教育的根本任务，是我国当前教育事业改革发展的基础性工程。以习近平同志为核心的党中央着眼大局大势，基于中国国情，在吸收借鉴西方文化、结合我国实践的基础上，强调在新时代要发挥德育思想教育生命线的作用，在德育思想建设实践中要重视精神文明建设等等。这些思想继承和发扬了马克思主义的品质，符合中国现实国情，遵循德育教育规律，丰富了德育思想的理论体系。

2018 年 9 月 10 日全国教育大会之后，中共教育部党组于 9 月 18 日在《人民日报》发表了《深入学习领会习近平总书记关于教育的重要论述　坚定不移走中国特色社会主义教育发展道路》的文章。文章认为，全国教育大会是向全党全国全社会发出的加快教育现代化的动员令，提出教育系统要坚决按照习近平总书记重要讲话精神和大会部署要求，在党的坚强领导下，全面贯彻党的教育方针，坚持马克思主义指导地位，坚持中国特色社会主义教育发展道路，坚持社会主义办学方向，立足基本国情，遵循教育规律，坚持改革创新，以凝聚人心、完善人格、开发人力、培育人才、造福人民为工作目标，培养德智体美劳全面发展的社会主义建设者和接班人，加快推进教育现代化，建设教育强国，办好人民满意的教育，努力写好新时代教育改革发展的“奋进之笔”。[①]

文章专门提到，要着力实施新时代立德树人工程，即深入推动习近平新时代中国特色社会主义思想进教材进课堂进头脑，构建德

① 中共教育部党组：《深入学习领会习近平总书记关于教育的重要论述　坚定不移走中国特色社会主义教育发展道路》，《人民日报》2018年9月18日。

智体美劳全面培养的教育体系和更高水平的人才培养体系。健全家庭、学校、政府、社会协同育人机制，形成全员育人、全过程育人、全方位育人的格局。推进大中小幼一体化德育体系建设，切实加强体育、美育、劳动教育，在坚定理想信念、厚植爱国主义情怀、加强品德修养、增长知识见识、培养奋斗精神、增强综合素质上下功夫，培养一代又一代拥护中国共产党领导和我国社会主义制度，立志为中国特色社会主义奋斗终身的有用人才。①

立德树人所立之“德”既是价值观念与道德知识的培养，又是价值判断能力与道德思维的养成；既是对时代性道德的准确把握，又是对道德理想的远大追求。这一系列“德”之内容只有充分融入教育活动全过程，在顶层设计、教育教学管理等各个环节得以落实，才能从制度上确保立德树人的实践效果。② 由发达国家的学校德育经验可知，德育是融入学校生活的方方面面、时时处处的。为此，一方面，学校德育必须认识到课程化不仅意味着知识的学习、观念的传播，还必然意味着行为的指导、演练和纠偏，同时伴随着对于观点、态度、品行的规范的评价方式和较为合理的评价标准；另一方面，还必须努力实现以下统整：一是统整各学段的育人目标和教育内容有机衔接；二是统整思想政治（品德）、语文、历史、艺术、体育等多个学科，使各学科相辅相成，发挥综合育德功能；三是统整课程、教材、教学、评价、考试各环节，使各环节有效配合，形成强大的育德合力；四是统整课堂、校园环境、社团生活、校园人际交往等多个阵地，形

① 中共教育部党组：《深入学习领会习近平总书记关于教育的重要论述 坚定不移走中国特色社会主义教育发展道路》，《人民日报》2018年9月18日。

② 韩丽颖：《立德树人：生成逻辑·精神实质·实践进路》，《东北师大学报》（哲学社会科学版）2016年第6期。

成互相配合、协调一致的良好育德环境。①

“才者，德之资也；德者，才之帅也。”育人的根本在于立德。要把立德树人的成效作为衡量学校所有工作的根本标准，把立德树人贯彻到学校建设和管理全过程，促进学生明大德、守公德、严私德。新时代加强和改进立德树人工作，就是要明确社会主义办学方向，坚决贯彻党的教育方针，提升学生的思想政治素质，培养德才兼备、全面发展的人才。

教育部印发的《中小学德育工作指南》明确提出，中小学德育工作的总体目标是培养学生爱党爱国爱人民，增强国家意识和社会责任意识，教育学生理解、认同和拥护国家政治制度，了解中华优秀传统文化和革命文化、社会主义先进文化，增强中国特色社会主义道路自信、理论自信、制度自信、文化自信，引导学生准确理解和把握社会主义核心价值观的深刻内涵和实践要求，养成良好政治素质、道德品质、法治意识和行为习惯，形成积极健康的人格和良好心理品质，促进学生核心素养提升和全面发展，为学生一生成长奠定坚实的思想基础。②

《关于加强中小学校党的建设工作的意见》也明确提出，党组织要经常研究分析学生思想道德状况，跟进做好有关工作；党组织书记要把德育工作抓在手上，推动解决重要问题。把社会主义核心价值观融入教育教学全过程，促进学生养成良好思想品德和行为习惯。抓好教室、寝室、图书馆、食堂和网络等思想文化阵地建设与管理，及时解决学生实际困难和苗头性倾向性问题，使德育工作融入

---

① 戴锐、曹红玲：《“立德树人”的理论内涵与实践方略》，《思想教育研究》2017年第6期。

② 中华人民共和国教育部政府门户网站2017年8月22日。

学生日常学习生活，促进全员、全过程、全方位育人。

实际上，党的十八大以来，以习近平同志为核心的党中央审时度势、高瞻远瞩，高度重视培养社会主义建设者和接班人，坚持把立德树人作为中心环节，把思想政治工作贯穿教育教学全过程，实现全员育人、全方位育人、全程育人，努力开创我国教育事业发展新局面。立德树人的实施步骤主要体现在：一是逐步完善德育体系，印发《中小学德育工作指南》，编印《中小学德育工作指南实施手册》，构建大中小学德育内容体系和工作体系，形成层层抓落实的工作格局；二是系统推进课程教材建设，新课程标准要求各学科有机渗透社会主义核心价值观，发挥课程在立德树人中的龙头作用；三是多渠道丰富育人载体，全国文明校园创建活动开展得如火如荼，劳动教育实验区、研学旅行实验区、家庭教育实验区等成为“基地”，等等。

2018 年发布的首份国家义务教育质量监测报告显示，我国义务教育阶段学生人生价值取向积极，具有良好的行为规范，九成以上的学生为自己作为一名中国人感到自豪，96.2% 的四年级学生和 97.9% 的八年级学生对国家的未来充满信心。2018 年中国教育科学研究院的一份关于基础教育的调查报告显示，社会公众的全国教育发展总体满意度指数是 76.09 分，地方基础教育发展的总体满意度是 72.82 分，处于比较满意的水平。在全国教育发展的教育机会、教育公平与保障、教育质量三个方面，教育质量满意度指数最高，为 74.01 分；教育机会满意度指数最低，为 69.99 分。在地方基础教育发展的教育期望、教育规划与保障、教育管理与服务三个方面，教育期望指数最高，为 73.84 分；教育管理与服务满意度指数最低，为 72.83 分。[①]

---

① 中国教育科学研究院：《全国基础教育满意度稳中有升》，《中国教育报》2018 年4月11日。

改革开放以来历次党的全国代表大会对教育方针的论述

党的十二大

必须大力普及初等教育，加强中等职业教育和高等教育，发展包括干部教育、职工教育、农民教育、扫除文盲在内的城乡各级各类教育事业，培养各种专业人才，提高全民族的科学文化水平。

党的十三大

必须坚持把发展教育事业放在突出的战略位置，加强智力开发。

党的十四大

必须把教育摆在优先发展的战略地位，努力提高全民族的思想道德和科学文化水平，这是实现我国现代化的根本大计。

党的十五大

要切实把教育摆在优先发展的战略地位。认真贯彻党的教育方针，重视受教育者素质的提高，培养德智体等全面发展的社会主义事业的建设者和接班人。

党的十六大

全面贯彻党的教育方针，坚持教育为社会主义现代化建设服务，为人民服务，与生产劳动和社会实践相结合，培养德智体美全面发展的社会主义建设者和接班人。

党的十七大

要全面贯彻党的教育方针，坚持育人为本、德育为先，实施素质教育，提高教育现代化水平，培养德智体美全面发展的社会主义建设者和接班人，办好人民满意的教育。

党的十八大

要坚持教育优先发展，全面贯彻党的教育方针，坚持教育为社会主义现代化建设服务、为人民服务，把立德树人作为教育的根本任务，培养德智体美全面发展的社会主义建设者和接班人。

党的十九大

要全面贯彻党的教育方针，落实立德树人根本任务，发展素质教育，推进教育公平，培养德智体美全面发展的社会主义建设者和接班人。

第二节

首位要求：党的领导贯穿立德树人全过程

党政军民学，东西南北中，党是领导一切的。

——习近平

习近平总书记在2012年党的十八届中央政治局常委同中外记者见面会上，第一次论述党要管党、从严治党。他掷地有声地指出："打铁还需自身硬。我们的责任，就是同全党同志一道，坚持党要管党、从严治党，切实解决自身存在的突出问题，切实改进工作作风，密切联系群众，使我们党始终成为中国特色社会主义事业的坚强领导核心。"[1] 这成为习近平总书记党建思想的核心主题。

全面从严治党思想是基于新的形势提出的。首先，我国要实现中华民族伟大复兴的中国梦，关键在党；党的建设关系到的不仅是党自身的前途命运，更是整个国家、社会和人民的命运，四者不可分离。因此，只有通过严格的党的建设使党始终保持先进性和纯洁性，才能引领全国人民实现中华民族的伟大复兴。其次，进入二十一世纪以来，党的建设面临着种种时代挑战，集中起来就是"四大考验"和"四大危险"。再次，外部环境也为中国发展带来了不容忽视的挑战。随着我国经济实力和国际竞争力的不断提高，我国的世界地位也在不断提高，导致越来越多的国家密切关注着我国的发展动态，西方资本主义大国对我国的发展表示担忧和警惕，并在世界范围内散布"中国威胁论"的言论，给我国在世界范围内的发展提出了诸多难题。尤其是在意识形态上，西方的价值观通过信息技术等途径在我国迅速传播，对一部分国人的世界观、人生观和价值观产生了巨大的影响，特别是对正处于思想政治观念形成阶段的青少年来说更是造成了严重的影响。

全面从严治党具体延伸到中小学教育领域，就是要坚持和加强党对中小学教育工作的全面领导，将党的领导贯穿到立德树人全过程。

---

① 《习近平谈治国理政》，外文出版社2014年版，第4—5页。

一、坚持和加强党对中小学教育立德树人工作的全面领导

马克思主义认为，教育与无产阶级政治联系在一起。十月革命胜利后，列宁一再强调苏维埃的教育必须同无产阶级的政治相联系，揭露了各种教育同政治分离的谬论和谎言：“资产阶级国家愈文明，它就愈会骗人，说学校可以脱离政治而为整个社会服务。”“我们公开声明，所谓学校可以脱离生活，可以脱离政治，这是撒谎骗人。”[①]

我国是中国共产党领导的社会主义国家，这就决定了我们的教育方针必须是在中国共产党的坚强领导下，全面贯彻党的教育方针，坚持马克思主义指导地位，坚持中国特色社会主义教育发展道路，坚持社会主义办学方向，办好人民满意的教育。

我国教育工作的根本任务就是培养社会主义建设者和接班人，培养一代又一代拥护中国共产党领导和我国社会主义制度，立志为中国特色社会主义奋斗终身的有用人才。这个根本任务也决定了，我们的教育一定是在中国共产党领导下的教育。中小学校肩负着培养中国特色社会主义事业的合格建设者和可靠接班人的重大使命，因此，我们的中小学校首先必须是中国共产党领导下的社会主义学校，这样才能确保党的教育方针在中小学校贯彻执行，这也是学校党组织的首要职责。

加强党的领导是做好教育工作的根本保证。改革开放特别是党的十八大以来，我国教育事业发展之所以取得显著成就，最根本的原因就是党对教育工作的全面领导。2016 年 6 月，中组部、教育部党组联合印发《关于加强中小学校党的建设工作的意见》，这是中央

① 《列宁全集》第三十五卷，人民出版社2017年版，第77页。

首次对加强中小学党建工作制定的专门文件。意见指出，中小学教育是国民教育体系的基础，担负着培养德智体美全面发展的社会主义建设者和接班人的重要使命。加强中小学校党的建设，对于全面贯彻党的教育方针、保证社会主义办学方向、落实立德树人根本任务、办好人民满意的教育，具有重要意义。中小学校党组织是党在学校中全部工作和战斗力的基础，发挥政治核心作用，全面负责学校党的思想、组织、作风、反腐倡廉和制度建设，把握学校发展方向，参与决定重大问题并监督实施，支持和保证校长依法行使职权，领导学校德育和思想政治工作，培育和践行社会主义核心价值观，维护各方合法权益，推动学校健康发展。[①]

党的领导之于教育工作，关键词是“政治”与“核心”。所谓“政治”，就是党组织要保证党的路线方针政策在学校的贯彻落实，保证贯彻执行党的教育方针，并大力支持学校党的建设。所谓“核心”，就是指党组织在学校的政治领域是领导中枢。也就是说，党组织是党的路线方针政策在学校贯彻落实的组织者、推动者和实践者，是确保学校全面落实党的教育方针、办好人民满意的教育事业的政治保证。具体来说，凡涉及学校改革发展稳定和有关教职员工切身利益的重大决策、重大人事任免、重大项目安排、大额度资金使用事项，党组织必须参与决策；监督学校认真执行党的教育方针，对学校管理工作中的重大问题提出意见和建议，支持学校依法治校，监督广大教师依法执教，实行党管干部原则，负责履行把握用人条件、提出推荐人选、做好组织考察、加强管理监督、培养后备人才等职责。保证学校在办学理念、办学思想、办学方向、办学特色等方面符合

---

① 新华网2016年9月29日。

党和国家的教育方针，符合国家的法律法规，符合素质教育的要求。

学校党组织作为党的重要基层组织，是党在教育战线上开展活动、落实工作、贯彻党的教育方针、培养合格接班人的教育阵地，阵地建设的好坏直接影响到国家未来的安危兴衰。作为中小学基层党组织，就是要不断加强党的思想建设、组织建设、作风建设、制度建设、阵地建设和文化建设，不断提高广大党员及教师的政治素质、道德素质、业务技能和身心健康素质，为进一步加强学校精神文明建设，深化教育教学改革，提高教育质量奠定坚实的组织基础。

因此，加强中小学党建工作是教育全面改革发展的内在需要，在把握学校发展方向、推进教育改革发展中发挥着重要作用。

二、党的领导决定中小学教育立德树人的方向

学校思想道德教育的目标是从社会客观实际出发，根据社会对青少年的品德要求和受教育者自身发展的需要提出的，体现社会对受教育者个体品德的规格和质量的规定或要求。广义而言，学校思想道德教育目标与学校德育目标相同，是指国家和社会对青少年儿童在政治素质、思想素质、道德素质、法纪素质、心理素质等方面应达到的规格要求。

一个人的人生观、价值观、世界观决定了人生追求、思想高度和行为准则，中小学阶段正是形成三观最重要的阶段。因此，中小学生是一个国家与民族的希望，是社会发展、国家富强的生力军，决定着一个国家未来的前途和命运。立德树人，就是培育品德、培育大德，从而使学生拥有高远的人生追求、宽厚的思想品格，以及良好的行为准则。

中小学阶段的思想道德教育应该包括三个方面内容：

第一，培育政治品德，使学生成为有坚定理想信念的人。政治品德是调节及调整人们的政治关系及政治行为的道德规范及准则的总和，表现为政治信仰、理想信念、国家观念、集体观念等。政治品德是德的内涵之首，是最重要和最关键的方面，决定与影响着德的内涵的其他方面，因而是立德首先要解决的问题。[①]

第二，培育个人品德，使学生成为有高尚情操的人。个人品德就是人们依据一定的社会道德准则和规范行动，对社会、对他人、对周围事物的稳定的思想及行为倾向，其基本要求是正直善良，刻苦勤奋，自立自强，克己奉公。

第三，培育社会公德，使学生成为有良好行为习惯的社会公民。社会公德是指存在于社会群体中的道德，是生活于社会中的人们为了维护群体的利益而约定俗成的应该做什么和不应该做什么的行为规范，它对维护社会群体生活和调节人与人之间的关系具有重要作用。社会公德包括遵纪守法、文明礼貌、助人为乐、爱护公物、保护环境等。

中小学思想道德教育的内容决定了中小学思想道德教育工作必须由党来领导；只有在党的领导下，才能保证中小学思想道德教育工作沿着正确的方向开展。

2017 年 8 月 17 日，教育部发布了《中小学德育工作指南》。这是落实立德树人根本任务，不断增强中小学德育工作的时代性、科学性和实效性，坚持正确方向而制定的中小学德育工作指导性文件。该文件成为我国当前及未来一段时间中小学德育工作的纲领，是中

① 居继清：《立德树人视阈下大学生核心价值观培育研究》，江西人民出版社2016年版，第5页。

小学校开展德育工作的基本遵循。《指南》指出："加强党对中小学校的领导，全面贯彻党的教育方针，坚持社会主义办学方向，牢牢把握中小学思想政治和德育工作主导权，保证中小学校成为坚持党的领导的坚强阵地。"① 这是中小学德育工作的基本原则。

《指南》明确了我国中小学德育的目标，即培养学生爱党爱国爱人民，增强国家意识和社会责任意识，教育学生理解、认同和拥护国家政治制度，了解中华优秀传统文化和革命文化、社会主义先进文化，增强中国特色社会主义道路自信、理论自信、制度自信、文化自信，引导学生准确理解和把握社会主义核心价值观的深刻内涵和实践要求，养成良好政治素质、道德品质、法治意识和行为习惯，形成积极健康的人格和良好心理品质，促进学生核心素养提升和全面发展，为学生一生成长奠定坚实的思想基础。②

三、党的思想建设引领中小学教育立德树人的指导思想

思想建设是党的建设的基本内容。中国共产党成立九十余年以来，能够一次次克服艰难险阻，在重重阻挠中成长发展起来，根本的原因就在于我们的党始终把思想建设放在党建工作的首要位置，把思想建党作为党建工作的重中之重。在全面从严治党的"五位一体"基本路径中，思想建设是其他四项建设的基础，是"五位一体"的核心工程。

坚持党的思想建设，一是要坚持马克思主义指导地位。作为马克思主义政党，马克思主义始终是我们党的理论基础和行动指南。

---

① 中华人民共和国教育部政府门户网站2017年8月22日。
② 中华人民共和国教育部政府门户网站2017年8月22日。

一名合格的共产党员必须在思想上坚定对马克思主义的信仰，用科学的世界观来武装头脑、指导实践。二是要坚定理想信念。对中国共产党员来说，我们的理想就是要为中国特色社会主义而奋斗，就是要为实现共产主义的最高理想而奋斗。三是要将理想信念与实践相结合。正确的理想信念能够对我们的实践活动产生积极的作用。坚持和发展中国特色社会主义、实现共产主义不仅是共产党员的理想信念，还是广大人民群众的理想信念，共产党人要站在人民群众的前列，带领人民群众共同实现我们的伟大理想。

中小学思想道德教育的首要内容也是理想信念教育。习近平总书记指出，要在坚定理想信念上下功夫，教育引导学生树立共产主义远大理想和中国特色社会主义共同理想，增强学生的中国特色社会主义道路自信、理论自信、制度自信、文化自信，立志肩负起民族复兴的时代重任。要在厚植爱国主义情怀上下功夫，让爱国主义精神在学生心中牢牢扎根，教育引导学生热爱和拥护中国共产党，立志听党的话、跟党走，立志扎根人民、奉献国家。①

因此，学校要开展马列主义、毛泽东思想学习教育，加强中国特色社会主义理论体系学习教育，引导学生深入学习习近平新时代中国特色社会主义思想。正如《中小学德育工作指南》所指出的，要加强中国历史特别是近现代史教育、革命文化教育、中国特色社会主义宣传教育、中国梦主题宣传教育、时事政策教育，引导学生深入了解中国革命史、中国共产党史、改革开放史和社会主义发展史，继承革命传统，传承红色基因，深刻领会实现中华民族伟大复兴是中华民族

① 《习近平在全国教育大会上强调　坚持中国特色社会主义教育发展道路　培养德智体美劳全面发展的社会主义建设者和接班人》，《人民日报》2018年9月11日。

近代以来最伟大的梦想，培养学生对党的政治认同、情感认同、价值认同，不断树立为共产主义远大理想和中国特色社会主义共同理想而奋斗的信念和信心。①

党的思想建设内容与中小学思想道德教育的首要内容是完全一致的。因此，只有学校的全体党员教师在思想上认清自己的党员身份，坚定自己的理想信念，明确自己的历史责任与历史使命，才能正确有效地对学生开展思想道德教育工作。

四、党的组织建设确保中小学教育立德树人的教师培养

教师是中小学发展的第一资源。学校德育工作是立德树人的生命线，这就需要在学校通过党组织建设，培养一支政治过硬、教育教学水平高超的党员干部教师，坚持党对教师队伍的全面领导，把好方向之舵，领好前进之航，教育引导广大教师牢记党的宗旨，挺起共产党员的精神脊梁。

坚持党对学校德育工作的领导就要压实党委责任，充分发挥党委的领导和把关作用，确保党牢牢掌握教师队伍建设的领导权，保证教师队伍建设正确的政治方向，引导广大教师树立正确的历史观、民族观、国家观、文化观，坚定“四个自信”，准确把握社会主义核心价值观的深刻内涵，增强价值判断、选择、塑造能力，带头践行社会主义核心价值观。

无论是“培养什么人”，还是“怎样培养人”“为谁培养人”，都涉及一个关键问题——“谁来培养人”。打铁还须自身硬，教师要传道授业解惑，给学生指点迷津，首先自己要提升修养。对学生进行道德

---

① 中华人民共和国教育部政府门户网站2017年8月22日。

教育，首先应该提升师德，师德是教师职业发展的决定性因素。想要培养学生具有崇高的精神品质和高尚的道德情操，教师自己就要成为优秀的示范者。与言传相比，教师的“身教”更为重要。教师只有以身作则、率先垂范，以模范的言行为学生树立榜样，才能把真善美的种子播撒到学生心中。中小学党组织要通过组织建设，把提高教师思想政治素质和职业道德水平摆在首要位置，不断吸纳优秀的教师加入党组织，并通过组织党员干部学习，引导广大教师以德立身、以德立学、以德施教，把社会主义核心价值观贯穿德育全过程。

课程育人是最有效的实施途径，这需要充分发挥课堂教学的主渠道作用，将中小学德育内容细化落实到各学科课程的教学目标之中，融入渗透到教育教学全过程。[①] 这就要求中小学党组织要引领学校教师队伍培养工作，指导教师不断学习，使教师能胸怀高远，承担起为国家和社会培养有用人才的宏大使命；使教师充满正气，以人格魅力引导学生心灵，以学术造诣开启学生的智慧之门。

五、党的作风建设推动中小学教育立德树人的工作落实

学校党组织的作风能深刻反映出一个学校的精神，也决定着这个学校的师德师风，学校的党员干部教师在学校各项工作中起着先锋模范作用，他们的作风决定了这个学校的作风，进而决定这个学校德育工作的质量与水平。因为，教师作为塑造灵魂的工程师，一言一行都在潜移默化中影响着学生的成长；作为正在成长期的中小学生，他们的道德底色更容易受到教师影响。所以，党员教师更应该站在时代前列，时刻注意保持优秀、高尚的人格魅力，要用坚定的信念、

① 中华人民共和国教育部政府门户网站2017年8月22日。

崇高的理想、高尚的人格给广大教师树立榜样，潜移默化地影响和感染学生；要以高尚的品质、良好的形象为学生树立标尺，做到言行一致，以身作则，处处为学生树立正面形象，用人格魅力来吸引学生，让每个学生都能秉承教师的高尚人格，这是培养学生个人修养、高尚品德与情操的最好方式。

党的十八大以来，党中央密切关注党的作风建设问题，将党的作风建设上升到关系人心向背、生死存亡的高度。针对党内的不良作风问题，2012 年中共中央政治局制定了关于改进工作作风、密切联系群众的八项规定。2013 年，习近平总书记提出了当前党内面临的严重作风问题，具体表现为形式主义、官僚主义、享乐主义和奢靡之风，这“四风”违背了党的性质和宗旨。通过开展群众路线教育实践活动，各级党组织都积极响应党中央整治“四风”的要求，按照八项规定对党内作风问题进行了一次大规模、彻底性的整治。2014 年的“三严三实”即严以修身、严以用权、严以律己，谋事要实、创业要实、做人要实，是推进作风建设的具体行动，是党对全体党员作风建设提出的又一项新要求，对于规范党员行为、提高党员党性和改善党员作风具有重要意义。2016 年党中央又开展“两学一做”学习教育活动，即学党章党规、学系列讲话，做合格党员。党的作风建设落实到学校就是不断推进师德师风建设。

习近平总书记提倡教师要做有理想信念、有道德情操、有扎实学识、有仁爱之心的“四有”好教师，广大教师要“做学生锤炼品格的引路人，做学生学习知识的引路人，做学生创新思维的引路人，做学生奉献祖国的引路人”。“四有”是基础，“引路人”是目标。学校党组织通过作风建设，严格要求教师们课堂讲授要有纪律，严禁在教育教学活动中有反对党的领导、反对中国特色社会主义制度、有损国家利益和不利于学生健康成长的言行。对教师体罚学生、收受礼品礼金等行为，要批评教育、责令改正；道德败坏、造成不良影响的，按照有关规定严肃处理。对违反师德行为监管不力的，追究党组织书记和行政负责人的责任。学校通过这些具体的要求，引导广大教师做“四有”好教师，只有教师师德水平有了提高，学生德育工作才能有保障。

党的十八大以来，以习近平同志为核心的党中央对落实立德树人根本任务提出了明确要求，对整体规划、统筹推进中小学思想道德教育工作做出了全面部署。党和国家先后出台了《完善中华优秀传统文化教育指导纲要》《关于培育和践行社会主义核心价值观进一步加强中小学德育工作的意见》《关于在各级各类学校推动培育和践行社会主义核心价值观长效机制建设的意见》《关于加强中小学劳动教育的意见》《中小学心理健康教育指导纲要（2012 年修订）》《中小学生守则（2015 年修订）》《关于加强家庭教育工作的指导意见》《关于教育系统深入开展爱国主义教育的实施意见》等一系列文件。可见，党牢牢把控着中小学思想道德教育工作的前进方向。

扣好人生的第一粒扣子至关重要。在抓好学生思想道德教育工作、做好教职工思想政治工作、加强师德师风建设、培养中国特色社会主义事业的建设者和接班人中，党的领导发挥着核心引领作用。

★不负学习好时光 立德树人新时代★

坚持把立德树人作为教育的根本任务

习近平总书记着眼新时代中国特色社会主义教育的全局，在党的十九大报告中提出“**全面贯彻党的教育方针**，落实**立德树人根本任务**，发展**素质教育**，推进**教育公平**，培养**德智体美全面发展的社会主义建设者和接班人**，”深刻回答了培养什么人、如何培养人以及为谁培养人等一系列重大问题，是新时代中国特色社会主义教育理论的精髓。

各级各类学校必须坚持立德树人

将立德树人作为教育的根本任务，并将其定位置于“**全面发展**”之上，是以**习近平同志为核心**的党中央**继承、丰富和发展**党的教育方针的集中体现，是对**党的全面发展的教育方针的重大发展**，是党的**教育理论创新的最新成果**，具有鲜明的时代特征和深刻含义：

一是 立德树人揭示了教育的本质，是对教育本质的最新认识。

二是 立德树人揭示了德育在学校教育中的突出地位，强调促进人的德性成长是教育的首要任务，体现了党对人的全面发展的最新要求。

三是 立德树人揭示了道德发展与人的全面发展的辩证关系，强调德性成长是人的全面发展的根本保障，体现了党对教育规律的深刻认识。

立德树人是人才成长的根本规律

习近平总书记在尊重教育规律，坚持立德树人，丰富、完善和发展党的教育方针方面提出了一系列新论断、新主张：

一是 强调扣好人生的第一粒扣子。

二是 强调理想信念教育。

三是 强调加强社会主义核心价值观教育。

四是 强调加强中华优秀传统文化教育。

五是 强调加强劳动教育和实践教育。

立德树人是人民满意教育的根本要求

立德树人是人民满意教育的根本要求，也是人民满意教育的根本标准，进一步回答了为谁培养人的重大问题。

教育具有为人生奠基的重大意义，人民群众对教育的综合利益诉求体现在五个方面：

只有有利于满足人 → 学习需求 / 成人需求 / 就业谋生需求 / 终生发展需求 / 终身幸福生活需求

的教育才是人民满意的教育。 → 成学之教 / 成人之教 / 成业之教 / 成己之教 / 幸福之教

立德树人是实施素质教育的根本目的

坚持立德树人，发展素质教育，必须系统推进以下四个方面的改革：

一是 必须建立协调各方的共同育人观。

二是 必须树立育人为本的教师职业观。

三是 必须建立协调各方的共同育人观。

四是 必须统筹树立育人为本的教育政绩观和教育评价观。

坚持立德树人就要加强中华优秀传统文化教育

（一）中华传统优秀文化，是中华民族的“**根**”和“**魂**”，是中华民族的血脉，是中华民族精神的标识，是当代中国社会主义核心价值观的思想渊源，是全人类弥足珍贵的精神瑰宝，是涵养社会主义价值观的重要源泉，是维系中华民族团结奋进的精神纽带，是实现中国梦的精神力量之源。

（二）中华优秀传统文化的核心思想理念。

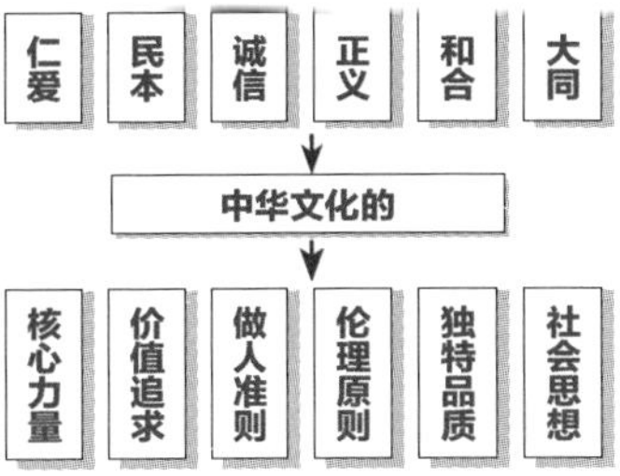

（三）加强中华传统文化教育的措施：

一是 必须认真学习领悟、深入阐发中华传统文化的思想精华和文化精粹。

二是 必须继承和弘扬中华优秀传统美德。

三是 必须加强爱国主义、集体主义、社会主义教育。

四是 必须加强树立文化自觉、增强文化自信。

五是 必须将其贯穿国民教育全过程。

六是 必须充分调动全社会的积极性和创造性。

第三节

德之关键：社会主义核心价值观

学校要把德育放在更加重要的位置，全面加强校风、师德建设，坚持教书育人，根据少年儿童特点和成长规律，循循善诱，春风化雨，努力做到每一堂课不仅传播知识、而且传授美德，每一次活动不仅健康身心、而且陶冶性情，让同学们都得到倾心关爱和真诚帮助，让社会主义核心价值观的种子在学生们心中生根发芽。

——习近平

社会主义核心价值观是国家和民族的精神信仰，是我国文化软实力建设的灵魂所在。社会主义核心价值观从根本上回答了“我们要建设什么样的国家、培育什么样的公民”等一系列重大问题，为德育思想建设及其理论创新指明了方向。在德育思想实践中，之所以重视社会主义核心价值观的贯彻，是因为它不仅能有效地整合社会意识，而且从国家治理角度对于激发广大人民建设热情，增强人们的向心力，进而对维护社会稳定具有重大的战略意义。社会主义核心价值观融国家、社会和公民三个层面价值需求为一体，是立德树人的必由之路，它确立了教育立德树人根本任务的价值取向。

一、培育和践行社会主义核心价值观对于中小学教育立德树人的重要意义

2013 年 5 月 4 日，习近平总书记在同各界优秀青年代表座谈时的讲话中，着重强调了青年成长的社会主义核心价值观要求。

习近平总书记指出，广大青年一定要锤炼高尚品格。这是因为中国特色社会主义是物质文明和精神文明全面发展的社会主义。一个没有精神力量的民族难以自立自强，一项没有文化支撑的事业难以持续长久。青年是引风气之先的社会力量。一个民族的文明素养很大程度上体现在青年一代的道德水准和精神风貌上。[①] 为什么社会主义核心价值观对于青年人具有至关重要的作用？这是因为“青年面临的选择很多，关键是要以正确的世界观、人生观、价值观来指导自己的选择”[②]。

---

① 《习近平谈治国理政》，外文出版社2014年版，第52页。
② 《习近平谈治国理政》，外文出版社2014年版，第54页。

习近平总书记指出，广大青年要把正确的道德认知、自觉的道德养成、积极的道德实践紧密结合起来，自觉树立和践行社会主义核心价值观，带头倡导良好社会风气。[①] 最重要的一点就是要用中国梦打牢广大青少年的共同思想基础，教育和帮助青少年树立正确的世界观、人生观、价值观，永远热爱我们伟大的祖国，永远热爱我们伟大的人民，永远热爱我们伟大的中华民族，坚定跟着党走中国道路。[②]

2014 年 5 月 30 日，习近平在北京市海淀区民族小学主持召开座谈会时的讲话中，对于青少年从小积极培育和践行社会主义核心价值观进行了深入思考和阐发。

关于青少年培育践行社会主义核心价值观的重要性和必要性，习近平总书记认为，社会主义核心价值观体现了古圣先贤的思想，体现了仁人志士的夙愿，体现了革命先烈的理想，也寄托着各族人民对美好生活的向往。只要是中国人，就应该自觉培育和践行社会主义核心价值观。少年儿童是祖国的未来，是中华民族的希望。[③] 习近平总书记还指出，实现我们的梦想，靠我们这一代，更靠下一代。少年儿童的心灵都是敏感的，准备接受一切美好的东西。“自古英雄出少年。”为了中华民族的今天和明天，我们要教育引导广大少年儿童树立远大志向、培育美好心灵，让少年儿童成长得更好。[④]

关于如何在少年儿童群体中培育和践行社会主义核心价值观的问题，习近平总书记指出，主要是要做到记住要求、心有榜样、从小做起、接受帮助。记住要求，就是要把社会主义核心价值观的基本

① 《习近平谈治国理政》，外文出版社2014年版，第52—53页。
② 《习近平谈治国理政》，外文出版社2014年版，第53页。
③ 新华网2014年5月31日。
④ 新华网2014年5月31日。

内容熟记熟背，让它们融化在心灵里、铭刻在脑子中。心有榜样，就是要学习英雄人物、先进人物、美好事物，在学习中养成好的思想品德追求。从小做起，就是要从自己做起、从身边做起、从小事做起，一点一滴积累，养成好思想、好品德。接受帮助，就是要听得进意见，受得了批评，在知错就改、越改越好的氛围中健康成长。[①] 习近平总书记还指出，家庭、学校、少先队组织和全社会都有责任。[②] 只有多个角度、多个方面共同努力，形成培育和践行社会主义核心价值观的最大合力，才能达到预期效果。

二、培育和践行社会主义核心价值观对于中小学教育立德树人的具体要求

2014 年 2 月 25 日，习近平总书记在十八届中央政治局第十三次集体学习时强调，要把培育和弘扬社会主义核心价值观作为凝魂聚气、强基固本的基础工程。要切实把社会主义核心价值观贯穿于社会生活方方面面。要通过教育引导、舆论宣传、文化熏陶、实践养成、制度保障等，使社会主义核心价值观内化为人们的精神追求，外化为人们的自觉行动。要从娃娃抓起、从学校抓起，做到进教材、进课堂、进头脑。[③]

2016 年 9 月 12 日，《中共教育部党组关于教育系统学习贯彻习近平总书记教师节重要讲话精神的通知》中指出：要落实立德树人根本任务。全面推动社会主义核心价值观进教材、进课堂、进学

① 新华网2014年5月31日。
② 新华网2014年5月31日。
③ 《习近平谈治国理政》，外文出版社2014年版，第163—165页。

生头脑，引导学生掌握扎实的知识本领，强化体育课和课外锻炼，培养审美情趣和人文素养，积极参加适当的科技活动、生产劳动、勤工俭学、志愿服务、研学旅行，成为德智体美全面发展的社会主义建设者和接班人。①

2017 年 5 月 23 日，习近平总书记主持召开中央全面深化改革领导小组第三十五次会议，会议指出深化教育体制机制改革，要全面贯彻党的教育方针，坚持社会主义办学方向，全面落实立德树人根本任务，构建以社会主义核心价值观为引领的大中小幼一体化德育体系，注重培养学生终身学习发展、创新性思维、适应时代要求的关键能力，统筹推进育人方式、办学模式、管理体制、保障机制改革，使各级各类教育更加符合教育规律、更加符合人才成长规律，更能促进人的全面发展，着力培养德智体美全面发展的社会主义事业建设者和接班人。②

2017 年 9 月 25 日，教育部发布《中小学综合实践活动课程指导纲要》，开门见山强调，为全面贯彻党的教育方针，坚持教育与生产劳动、社会实践相结合，引导学生深入理解和践行社会主义核心价值观，充分发挥中小学综合实践活动课程在立德树人中的重要作用。③ 综合实践活动课程需要落实立德树人的育人目标，促进学生正确认识人与自然、社会、自我之间的关系，增强价值体验，树立爱国情怀，将对社会的整体认识、国家的责任和个人的职业理想与发展结合起来。因此，综合实践活动课程要通过践行社会主义核心价值

① 中华人民共和国教育部政府门户网站2016年9月12日。
② 新华网2017年5月23日。
③ 中华人民共和国教育部政府门户网站2016年9月27日。

观，培养学生的家国情怀，提升其社会责任感。①

爱国主义是一种精神美德，是凝聚中国人民的精神力量。爱国是社会主义核心价值观的重要内容，是中华民族的传统美德，是每个公民都应具备的一种品质，是对祖国的浓厚情谊与归属意识。习近平总书记对于在青少年中弘扬爱国主义十分重视，提出了许多重要要求。

2015 年 12 月 30 日，中共中央政治局就中华民族爱国主义精神的历史形成和发展进行第二十九次集体学习。习近平总书记指出，要结合弘扬和践行社会主义核心价值观，在广大青少年中开展深入、持久、生动的爱国主义宣传教育，让爱国主义精神在广大青少年心中牢牢扎根，让广大青少年培养爱国之情、砥砺强国之志、实践报国之行，让爱国主义精神代代相传、发扬光大。②

与时代同向同行，是青少年培育和践行社会主义核心价值观的重要前提和基础。2013 年 5 月 4 日，习近平总书记在同各界优秀青年代表座谈时的讲话中指出，广大青年一定要坚定理想信念。“功崇惟志，业广惟勤。”理想指引人生方向，信念决定事业成败。没有理想信念，就会导致精神上“缺钙”。中国梦是全国各族人民的共同理想，也是青年一代应该牢固树立的远大理想。中国特色社会主义是我们党带领人民历经千辛万苦找到的实现中国梦的正确道路，也是广大青年应该牢固确立的人生信念。③

2017 年 5 月 3 日，习近平总书记在中国政法大学考察时强调，中国的未来属于青年，中华民族的未来也属于青年。青年一代的理

---

① 李宝敏：《中小学综合实践活动课程的目标指向：核心素养发展》，《中小学管理》2017年第12期。

② 新华网2015年12月30日。

③ 《习近平谈治国理政》，外文出版社2014年版，第50页。

想信念、精神状态、综合素质，是一个国家发展活力的重要体现，也是一个国家核心竞争力的重要因素。当今中国最鲜明的时代主题，就是实现“两个一百年”奋斗目标、实现中华民族伟大复兴的中国梦。当代青年要树立与这个时代主题同心同向的理想信念，勇于担当这个时代赋予的历史责任，励志勤学、刻苦磨炼，在激情奋斗中绽放青春光芒、健康成长进步。[①]2016 年 12 月 24 日，习近平总书记在给北京市八一学校科普小卫星研制团队学生的回信中说：“希望你们保持对知识的渴望，保持对探索的兴趣，培育科学精神，刻苦学习，努力实践，带动更多青少年讲科学、爱科学、学科学、用科学，努力成长为祖国的栋梁之材，将来更好为实现中华民族伟大复兴的中国梦贡献力量。”[②]

师德师风对于青少年培育和践行社会主义核心价值观具有至关重要的影响，习近平总书记认为教师思想政治状况具有很强的示范性。要坚持教育者先受教育，让教师更好担当起学生健康成长指导者和引路人的责任。评价教师队伍素质的第一标准应该是师德师风。师德师风建设应该是每一所学校常抓不懈的工作，既要有严格制度规定，也要有日常教育督导。[③]

2014 年 9 月 10 日，习近平总书记在北京师范大学考察时指出：“教师重要，就在于教师的工作是塑造灵魂、塑造生命、塑造人的工作。”[④] 他还从理想信念和道德情操两个方面论述了如何做好老

① 新华网2017年5月3日。

② 新华网2016年12月28日。

③ 习近平：《在北京大学师生座谈会上的讲话》，人民出版社2018年版，第8—9页。

④ 习近平：《做党和人民满意的好老师——同北京师范大学师生代表座谈时的讲话》，人民出版社2014年版，第4页。

师，指出："广大教师要始终同党和人民站在一起，自觉做中国特色社会主义的坚定信仰者和忠实实践者，忠诚于党和人民的教育事业，自觉把党的教育方针贯彻到教学管理工作全过程，严肃认真对待自己的职责。"[①]"老师是学生道德修养的镜子。好老师应该取法乎上、见贤思齐，不断提高道德修养，提升人格品质，并把正确的道德观传授给学生。"[②]

总之，党的十八大以来，在以习近平同志为核心的党中央坚强领导下，围绕"培养什么人、怎样培养人、为谁培养人"这一根本问题，全面加强党对教育工作的领导，确立立德树人根本任务，我国中小学教育事业进入新时代，中小学思想道德教育事业也进入新时代。把立德树人作为中小学教育的根本任务，实现了中小学教育目标的时代升华，成为新时代中小学教育的鲜明标识。把立德树人确立为教育发展的根本任务，不仅是对我国优秀传统文化中关于育人思想的发扬，更是基于对我国教育事业长期发展实践的科学总结，是在遵循教育规律基础上的实践创新，同时也是对先前"坚持育人为本、德育为先"理念的提炼和深化，是党和国家站在新时代的战略高度并结合新时代的教育实践对教育根本任务做出的重要科学论断。新时代中小学教育立德树人根本任务的确立，具有深刻的思想渊源。新时代中小学教育立德树人根本任务的确立，从根本来说是一项政治思考。突出强调坚持正确的政治办学方向，是新时代中小学教育立德树人的政治前提、本质要求，也是其鲜明的新时代特征，这是教育和

① 习近平：《做党和人民满意的好老师——同北京师范大学师生代表座谈时的讲话》，人民出版社2014年版，第5页。

② 习近平：《做党和人民满意的好老师——同北京师范大学师生代表座谈时的讲话》，人民出版社2014年版，第7页。

办学的规律性现象。提出新时代中小学教育立德树人的根本任务，具有深远的考虑，这与新时代中小学教育的基本背景有着不可分割的联系。

加强中小学校党的建设，对于全面贯彻党的教育方针、保证社会主义办学方向、落实立德树人根本任务、办好人民满意的教育具有重要意义。党的领导之于教育工作，就是党组织要保证党的路线方针政策在学校的贯彻落实，保证贯彻执行党的教育方针，并大力支持学校党的建设。党组织在学校的政治领域是领导中枢。也就是说，党组织是党的路线方针政策在学校贯彻落实的组织者、推动者和实践者，是确保学校全面落实党的教育方针、办好人民满意的教育事业的政治保证。把党的领导贯穿到中小学思想道德教育中，就是要以党的领导确保中小学思想道德教育的正确方向，用党的思想建设引领中小学思想道德教育的思想内核，用党的组织建设推动中小学思想道德教育教师队伍培养，用党的作风建设确保中小学思想道德教育工作落实。

社会主义核心价值观以其丰富的理论内涵承载着国家和民族的精神信仰，是我国文化软实力建设的灵魂所在。社会主义核心价值观还从根本上回答了我们要建设什么样的国家、培育什么样的公民等一系列重大问题，为思想道德教育及其理论创新指明了方向。社会主义核心价值观融国家、社会和公民三个层面价值追求为一体，是立德树人的必由之路，它确立了立德树人根本任务的价值依据和价值标准。

第六章 \ Chapter 6

立德树人：经验与启示

第一节

经验之谈：用匠人精神对待立德树人

总结经验的目的是为了指导未来，把今后工作做得更好。

——习近平

中国共产党人应当十分注重总结经验。毛泽东曾说过："如果要看前途，一定要看历史。"[①] 他还曾经向人们透露过他成功的"法宝"："我是靠总结经验吃饭的。"中华人民共和国成立 70 年，中小学教育立德树人的理论与实践在曲折中前进，随着时代的发展而发展，带给了新时代诸多的宝贵经验。

一、坚持党的领导是立德树人的根本政治保障

习近平总书记强调，中国特色社会主义最本质的特征是中国共产党领导，中国特色社会主义制度的最大优势是中国共产党领导，党是最高政治领导力量。[②] 中华人民共和国成立特别是改革开放以来，我国教育事业发展之所以取得显著成就，最根本的原因就是党对教育事业的全面领导。加强党对教育工作的全面领导，是办好教育的根本保证。中小学校肩负着培养中国特色社会主义事业的建设者和接班人的重大使命，必须是党领导下的社会主义学校，才能确保党的教育方针在中小学校贯彻执行，这也是中小学校党组织的首要职责。

党的领导之于中小学教育工作，就是党组织要保证党的路线方针政策在学校的贯彻落实，保证贯彻执行党的教育方针，并大力支持学校党的建设。党组织是党的路线方针政策在学校贯彻落实的组织者、推动者和实践者，是确保学校全面落实党的教育方针、办好人民满意的教育事业的政治保证。

---

① 《毛泽东文集》第八卷，人民出版社1999年，第383页。

② 习近平：《决胜全面建成小康社会　夺取新时代中国特色社会主义伟大胜利——在中国共产党第十九次全国代表大会上的报告》，人民出版社2017年版，第20页。

中小学校党组织作为党的重要基层组织，是党在教育战线上开展活动、落实工作、贯彻党的教育方针、培养合格接班人的阵地，阵地建设的好坏直接影响到国家未来的兴衰安危。中小学的基层党组织，就是要不断加强党的思想建设、组织建设、作风建设、制度建设、阵地建设和文化建设，不断提高广大党员及教师的政治素质、道德素质、业务技能和身心健康素质，为进一步加强学校精神文明建设，深化教育教学改革，提高教学质量奠定坚实的组织基础。

新时代中小学校要坚持党对教育事业的全面领导，就要始终坚持马克思主义指导地位，把抓好党建工作作为办学治校的基本功，把党的教育方针全面贯彻到学校工作各方面，要提高政治站位，增强“四个意识”，坚定“四个自信”，做到“两个维护”，保证党的路线、方针、政策、决定不折不扣地得到贯彻执行，充分发挥基层党组织作用，使基层党组织成为师生最贴心、最信赖的组织依靠，成为学校教书育人的坚强战斗堡垒。要把思想政治工作贯穿学校教育管理全过程，把做好思想政治工作作为各项工作的生命线，牢牢把握意识形态工作领导权，维护校园稳定。要深入推进全面从严治党和反腐败斗争，加强党员日常教育管理和监督，进一步营造风清气正的良好政治生态。

二、坚持落实立德树人是教育的根本任务

我们办的是社会主义教育，必须坚持教育为人民服务、为中国共产党治国理政服务、为巩固和发展中国特色社会主义制度服务、为改革开放和社会主义现代化建设服务，始终做到为党育人、为国育才。立德树人关系党的事业后继有人，关系国家前途命运，必须把培养社会主义建设者和接班人作为根本任务，培养一代又一代拥护中国

共产党领导和我国社会主义制度、立志为中国特色社会主义奋斗终身的有用人才。坚持立德树人的根本任务，就是要把立德树人成效作为检验学校一切工作的根本标准，培养德智体美劳全面发展的社会主义建设者和接班人。

“培养什么人、怎样培养人、为谁培养人”，是教育要回答的根本问题。党的十八大报告明确指出，坚持教育为社会主义现代化建设服务、为人民服务，把立德树人作为教育的根本任务，培养德智体美全面发展的社会主义建设者和接班人。这深刻阐明了立德树人在教育中的至高地位，即立德树人是中国特色社会主义教育事业的根本任务。这是党在对教育方针的长期探索实践基础上提出来的重大论断。它继承和发扬了中华民族崇德的传统，突出了教育的主责主业，把社会主义核心价值观教育融入立校办学、育人育才全过程，树立正确的世界观、人生观、价值观，培养社会主义合格建设者和可靠接班人。

从本质上说，德育是一项铸魂育人的事业，重视德育就是重视民族的根脉，就是重视民族的未来，就是重视民族的长久大计。从育人的规律来看，德育是一辈子的事情，抓得越早越细效果越好。这就是立德树人根本任务与新时代中小学教育进一步发生深刻关联的内在逻辑。把立德树人确立为教育发展的根本任务，不仅是对我国优秀传统文化中关于育人思想的发扬，更是基于对我国教育事业长期发展实践的科学总结，是在遵循教育规律基础上的实践创新，同时也是对先前“坚持育人为本、德育为先”理念的提炼和深化，是党和国家站在新时代的战略高度并结合新时期的教育实践对教育根本任务做出的重要科学论断。立德树人理念适应新时期中国特色社会主义发展新要求，为广大德育思想工作者指明了教育改革发展的努力方向，体现了我国对当代德育工作的规律和特点的认识和把握。它的提出与实践为我国培养高素质人才队伍指明了方向，注入了思想动力。立德树人不仅是教育领域关于人才培养的核心理念，也是我国德育思想工作的核心价值所在。

三、坚持中国特色社会主义教育发展道路是立德树人的基本遵循

中国特色社会主义教育发展道路不是凭空产生的，而是从中华人民共和国的社会主义实践探索中走出来的。这是一条从中国教育事业改革实践中走出来的发展道路，是一条始终坚守社会主义办学方向的教育发展道路，是一条顺应时代潮流、具有世界意义的教育发展道路。坚持中国特色社会主义教育发展道路，就要在党的坚强领导下，全面贯彻党的教育方针，坚持马克思主义指导地位，坚持中国特色社会主义教育发展道路，坚持社会主义办学方向，立足基本国情，遵循教育规律，坚持改革创新，以凝聚人心、完善人格、开发人力、培育人才、造福人民为工作目标，培养德智体美劳全面发展的社会主义建设者和接班人，加快推进教育现代化、建设教育强国、办好人民满意的教育。①

走中国特色社会主义教育发展道路，建设教育强国，是21世纪中国和世界赋予中国教育的庄严历史使命。这条道路的特色体现在：一是中国特色的教育文化传统；二是中国特色的发展模式；三是中国特色的教育制度；四是中国特色的教育理论体系，在教育的国际

① 《习近平在全国教育大会上强调 坚持中国特色社会主义教育发展道路 培养德智体美劳全面发展的社会主义建设者和接班人》，《人民日报》2018年9月11日。

地位、竞争力和影响力方面与社会主义现代化强国相匹配。坚持这条道路，就要坚持党对教育事业全面领导的根本要求，始终坚持马克思主义指导地位，把思想政治工作贯穿学校教育管理全过程，使教育系统成为坚持党的领导的坚强阵地；就要坚持立德树人的根本任务，把立德树人成效作为检验学校一切工作的根本标准，全力培养德智体美劳全面发展的社会主义建设者和接班人；就要坚持优先发展教育事业的战略地位，推动健全优先发展教育事业的体制机制，加快教育现代化，努力建设教育强国。要坚持社会主义办学方向的政治原则，更好地为人民服务、为中国共产党治国理政服务、为巩固和发展中国特色社会主义制度服务、为改革开放和社会主义现代化建设服务。就要坚持扎根中国大地办教育的自觉自信，扎根中国、融通中外，立足时代、面向未来，发展具有中国特色、世界水平的现代教育；就要坚持以人民为中心的发展思想，不断促进教育事业发展成果更多更公平惠及全体人民，以教育公平促进社会公平正义；就要坚持深化教育改革创新的鲜明导向，更加注重教育改革的系统性、整体性、协同性，以改革激活力、增动力。就要坚持服务中华民族伟大复兴的重要使命，围绕统筹推进“五位一体”总体布局、协调推进“四个全面”战略布局，推动教育高质量发展，提升人力资源素质；就要坚持把加强教师队伍建设作为基础工作，从战略高度认识教师队伍建设的重大意义，引导教师做有理想信念、有道德情操、有扎实学识、有仁爱之心的好老师，建设一支宏大的高素质专业化教师队伍。

四、坚持理论与实践相结合是立德树人的科学路径

中小学教育要坚持扎根中国大地办教育的自觉自信，扎根中国、融通中外，立足时代、面向未来，发展具有中国特色、世界水平的现

代教育。中小学教育既要面向现代化、面向世界、面向未来，又要紧密联系青少年不同时期的思想、知识、心理发展的特点，循序渐进、由浅入深，从具体到抽象、从现象到本质，引导他们逐步树立正确的人生观和世界观，运用正确的观点和方法去积极地思考并回答自己所面临的重大问题，认清和履行青少年一代的崇高责任。

坚持扎根中国大地办教育，就是要体现中国特色。只有扎根中国才能更好地走向世界，加强中华优秀传统文化教育、革命文化教育、社会主义先进文化教育，努力为中国人民服务，为中国共产党治国理政服务，为巩固和发展中国特色社会主义制度服务，为改革开放和社会主义现代化建设服务。教育必须为社会主义现代化建设服务、为人民服务，必须与生产劳动和社会实践相结合，培养德、智、体、美全面发展的社会主义建设者和接班人。

要着力坚定理想信念，增强“四个自信”，引导学生立志为共产主义远大理想和中国特色社会主义共同理想不懈奋斗。要着力厚植爱国主义情怀，以爱国主义为精神底色，教育引导学生爱国爱党，立志听党话、跟党走，立志扎根人民、奉献国家。要着力加强品德修养，教育引导学生以社会主义核心价值观为情感认同和行为习惯，学会做人，勇做时代新人。要着力增长知识见识，让学生求真学问，练真本领，沿着求真理、悟道理、明事理的方向前进。要着力培养奋斗精神，历练学生的担当、奋斗精神，培育学生志存高远境界和自强不息人生态度。要在增强综合素质上下功夫，培养学生的综合能力和创新思维。

五、坚持思想道德教育内容的与时俱进是立德树人的重要原则

办好中国的中小学教育，应该从本国的实际国情出发，既不能好高骛远，脱离实际国情，提出不切实际的发展目标，偏离正确的发展方向，也不能墨守成规，固守一些过时的原则，禁锢了创新发展的强大动力。同时，我国的基本国情也是在不断发展变化的，需要我们保持与时俱进的科学精神，保持勇往直前的奋斗精神。因此，中小学教育是扎根中国大地办教育的生动实践，是坚持深化教育改革创新的具体体现，具有强大的生命力。

当前，我们处在一个价值多元、诱惑较多的变革时代，比以往任何时候都要求坚守价值观念的教育和塑造，帮助孩子扣好人生第一粒扣子。中小学校教育要回归本位、回归初心，紧紧围绕立德树人来组织开展各类教育教学活动。既要立私德，加强个人品德和行为习惯、文明礼仪等教育，更要立大德，让社会主义核心价值观入脑入心入行，从小培育学生的家国情怀和远大理想。

中小学校培养的人，必须树立共产主义远大理想和中国特色社会主义共同理想，失去这一条，培养社会主义建设者和接班人就是一句空谈；爱国主义是中华民族的民族心、民族魂，我们培养的人，必须具有爱国情怀，时刻不忘自己是中国人；育人的根本在于立德，我们培养的人，必须坚持立德为先、修身为本，具有大爱大德大情怀；非学无以广才，我们培养的人，不仅要有中国情怀，而且要有世界眼光和国际视野；任何时候奋斗精神都不能丢，我们培养的人，必须树立高远志向，具有勇于奋斗的精神状态、乐观向上的人生态度；社会主义建设者和接班人必须全面发展，我们培养的人，必须具备德智体美劳综合素质。要在学生中弘扬劳动精神，教育引导学生崇尚劳动、尊重劳动，懂得劳动最光荣、劳动最崇高、劳动最伟大、劳动最美丽的道理，长大后能够辛勤劳动、诚实劳动、创造性劳动。

立德树人的经验
坚持理论与实践相结合是立德树人的科学路径
坚持思想道德教育内容的与时俱进是立德树人的重要原则
坚持中国特色社会主义教育发展道路是立德树人的基本遵循
坚持落实立德树人是教育的根本任务
坚持党的领导是立德树人的根本政治保障
立德树人的经验

第二节

重要启示：坚持原则与尊重规律相统一

马克思主义认为，客观世界的一切事物，都有着自身的运动和发展规律，人们的社会实践必须尊重和遵循这种客观规律，否则将会受到客观规律的无情惩罚。

——习近平

回顾中华人民共和国成立70年来中小学教育立德树人的理论与实践，我们可以得出重要启示。

一、立德树人必须坚持全员、全程、全方位育人

中小学教育要将立德树人作为立身之本，着力构建“三全育人”工作体系，不断提升人才培养的针对性和实效性，切实肩负起培养德智体美劳全面发展的社会主义建设者和接班人的神圣使命。要实施新时代立德树人工程，深入推动党的创新理论进教材、进课堂、进头脑，构建德智体美劳全面培养的教育体系和更高水平的人才培养体系，健全家庭、学校、政府、社会协同育人机制，形成全员育人、全过程育人、全方位育人的格局。

“三全育人”的中心在育。教育不是工业生产线，人才不是工业产品，不能走统一工艺、统一规格的批量生产道路。育是要树立培育生长品的生态思维。习近平总书记指出：“人才培养一定是育人和育才相统一的过程，而育人是本。”[①] 陶行知先生认为，培养教育人和种花木一样，首先要认识花木的特点，区别不同情况给以施肥、浇水和培养教育，这叫“因材施教”。要构建育人新模式，营造育人新生态，全面提升人才培养水平。一方面，要聚焦学生，科学把握学生的特点，遵循教书育人规律、学生成长规律，因材施教、深耕细作，实现千姿百态的教育效果。要将最优质的资源配置给学生，为每一位学生提供适合的教育、可选择的教育，让学生享有更多的获得感和幸福感。另一方面，要聚焦教师，大力加强教师队伍建设，进一步优化教师素质结构，坚持专业素养、职业素养、政治素养、人格素养一体化发展，

---

① 习近平：《在北京大学师生座谈会上的讲话》，人民出版社2018年版，第7页。

让广大教师做到教学与科研兼顾、教书与育人兼顾、信道与传道兼顾、立己德与树人德兼顾，引导广大教师以德立身、以德立学、以德施教，做党和人民满意的好老师。

“三全育人”的重心在全。全员育人，要求全体教职员工都要成为育人者，其一言一行、一举一动都要履行育人之责、产生育人之效，实现育人无不尽责。全程育人，要求将立德树人贯穿中小学教育教学全过程和学生成长成才全过程，实现育人无时不有。全方位育人，要求将立德树人覆盖到课上课下、网上网下、校内校外，实现育人无处不在。要建立健全人才培养体制机制，构建“三全育人”大格局。一是在教育主体上从单转向全。育人工作是中小学校全体教职工与生俱来的天职、本职，充分挖掘多个教师岗位的育人要素，将育人职能贯穿其工作始终，实现教与育、管与育、服与育的融合贯通。二是在育人过程上从分转向合。育人工作具有整体性，要从条块分割转向协同配合，将育人工作贯穿到学生从入学到毕业的各阶段，覆盖到全校各班级，融入学生学习生活各方面。推进教学、管理、服务等部门协同联动，挖掘育人元素、建立责任清单、强化工作举措，共唱育人合奏曲。三是在育人空间上从点转向体。育人工作要实现由点到线、聚面成体，实现面面俱到、多体联动，推进知识体系教育与思想政治教育有机结合、思想政治教育向各学科有机渗透；建立网上网下正向互动的工作格局，促进网上网下两个教育场的衔接整合；大力推进学校、社会、家庭一体化育人，拓展丰富家庭教育资源，充分利用社会教育资源，达到多方位合力育人的效果。

二、立德树人必须遵循思想道德教育规律和学生的身心发展规律

在中华人民共和国教育发展的历史进程中，我们党努力探索社会主义教育发展规律，不断积累实践经验，不断进行理论创新，不断深化对我国社会主义教育事业发展规律的认识，取得了十分重要的理论成果。中小学教育立德树人必须遵循教育规律和人才成长规律，坚决反对和抵制各种违反规律的现象和做法。

习近平总书记提出的“九个坚持”是探索社会主义教育发展规律的最新成果，丰富和发展了中国共产党对社会主义教育规律的理论认识，体现了对新时代的深刻认识。“九个坚持”从根本上回答了“培养什么人、怎样培养人、为谁培养人”等重大问题，构成了科学的理论体系。以“九个坚持”为标志而形成的新理念、新思想、新观点，反映了习近平总书记关于教育工作重大论述的基本理论、基本观点、基本方法，丰富了我国教育理论宝库，发展了中国特色社会主义教育理论体系，成为中国特色社会主义教育理论体系建设的思想指引，为新时代教育理论建设提供了世界观和方法论指导，有助于增强理论自信，提高问题意识，有利于深入探索教育规律、教学规律和人才成长规律，加快知识生产，促进理论创新，推动理论成果向政策、规划、制度、方案、教材、舆论转化，为教育现代化提供源源不断的智力支撑。

立德树人，既要遵循思想道德教育的普遍规律，更要尊重和把握青少年自身的特点和接受能力，遵循青少年身心成长的规律，又要把两者有机结合起来。按照德育的总体目标，根据不同年龄段青少年的成长特点，确定不同学龄阶段德育的内容和要求。首先，要突出

爱党、爱社会主义教育,引导学生树立正确的世界观、人生观和价值观,牢牢把握知识为谁所用、为谁服务的方向。其次，要突出爱国主义教育，把弘扬和培育民族精神作为新形势下学校德育工作的重要任务，积极开展多种形式的中国革命、建设和改革开放的历史教育、国情教育，引导学生从小树立民族自尊心、自信心和自豪感。再次，要加强基础道德和法制教育，以文明行为习惯的养成教育、诚信教育、遵纪守法教育以及中等职业学校学生的职业道德教育为重点，规范学生的行为习惯，培养良好的道德品质。最后，要加强德育载体建设，构建课内外教育良性互动机制。思想道德教育要靠潜移默化、润物无声的影响，要让学生在课内和课外教育活动中体验和思考，逐渐形成道德认知和良好的行为习惯，促进学生知情意行的和谐发展。要建立健全课堂教学和课外活动联动的有效机制，促进课堂教育和社会实践活动有机结合。

三、立德树人必须坚持尊重学生的主体性

中小学阶段既是学生长身体、发展智力、提升能力的关键时期，也是他们进行人生探索、初步树立正确“三观”的重要时期，在此阶段，学生对学习的态度、责任感、想象能力和思维兴趣基本形成。要坚持学生是中小学立德树人教育过程主体的理念。学生的主体性表现为自主性、能动性、创造性和受制性。要提高教育实效，必须充分调动学生的主观能动性，在教育内容的选择上要尊重学生的自主性，在教育方法的选择上要尊重学生的创造性，通过开展社会实践活动强化学生的主体性。教师在进行教育活动时，只有充分尊重学生的主体性,即充分尊重学生、给予学生足够的信任,关心学生的心理活动、因材施教，才能激发学生的积极性、主动性和创造性，从而更好地引

导学生树立自尊、自信、自强、自立的信念，激发学生的无限潜力。

要提高教育效果就要充分发挥学生的主观能动性。教育的过程不是教师将其观点、立场移植给学生的过程，而是由学生选择接受的过程。但是，学生对教师的教育影响能否接受、接受多少，是根据自己对已有知识、经验的理解，对其加以选择，并通过自身的内部矛盾斗争做出相应的自主反应，即通过学生的自觉认识、自我体验、自愿行动以获得内化。

在教育内容的选择上要尊重学生的自主性。学生对教育内容的接受是有选择的，都会从自己的需要、兴趣出发进行选择。教师要尊重、关心学生的各种需要，这样才能调动学生的积极性、主动性和创造性，才能增强教育的实效。要把握学生的兴奋点，坚持以学生为中心选择教育内容，对于学生普遍关注的问题，要重点讲解和积极引导，即要主动抓住社会的热点和难点问题，正面教育学生；要针对社会消极现象，正面引导学生；寻找学生最关心的问题，如学生的自身发展问题、就业问题等，耐心开导学生，帮助学生解答一些疑难问题，使教育更有针对性和吸引力。

在教育方法的选择上要尊重学生的创造性。创造性是学生主体性最显著、最重要的体现，是主体性的最高表现。要一改过去教师高高在上、学生被动接受的教育方式，逐步形成一种师生互动、教学相长的平等、民主的教学和教育氛围。教师要尊重学生的观点、爱好、习惯，真诚地与学生进行心灵的沟通，引导学生积极思考，让学生主动发现问题、提出问题，并运用自己所学的理论知识解决自身思想品德存在的问题，发挥学生的创造性，提高思想道德教育的实效性。

积极开展社会实践活动，强化学生的主体性。学生主体性的发展是以活动为中介的，学生只有投身于各种活动之中，其主体性才能得到良好的发展。学生的主体性正是通过内化与外显的无数次交替而逐步形成、发展和完善的。学生在活动中形成主体性，在活动中表现出主体性。积极开展社会实践活动，让学生在实践活动中接受熏陶和锻炼，直接体验人生和社会，在社会实践中接受思想道德教育。要通过社会实践活动，培养学生的爱国主义精神，增强学生的社会责任感和集体意识，增强学生的竞争意识和坚忍不拔的意志。

四、立德树人必须坚持全面系统的综合评价

全面系统的综合评价是教育改革发展的关键环节，对于教育具有重要导向作用。推进中小学教育质量综合评价改革，是推动中小学全面贯彻党的教育方针、落实立德树人根本任务、全面实施素质教育的重要举措，是引导社会和家长树立科学的教育质量观、营造良好育人环境的迫切需要，是基本实现教育现代化、加强和改进教育宏观管理的必然要求。立德树人要求建立以学生发展为核心、体现素质教育要求、科学多元的中小学教育质量评价制度，切实扭转单纯以学生学业考试成绩和学校升学率评价中小学教育质量的倾向，促进学生全面发展、健康成长。要纠正一些学校存在的以升学率作为唯一标准评价学校办学水平的片面做法，形成学校、教育行政部门、学生、家长和社区共同参与的学校评价机制，对学校办学的指导思想、德育工作、课程实施与管理、师德建设、学生团队活动、学生全面成长等情况做全面评价。

要坚持全面系统的综合评价的基本原则。一是坚持育人为本。综合考查学生发展情况，既要关注学业水平，又要关注品德发展和身心健康；既要关注共同基础，又要关注兴趣特长；既要关注学习结果，又要关注学习过程和效益。二是坚持促进发展。更加注重发挥

评价的引导、诊断、改进、激励等功能，改变过于强调甄别和简单分等定级的做法，改变单纯强调结果和忽视进步程度的倾向，推动中小学提高教育教学质量、办出特色。三是坚持科学规范。遵循教育评价的基本要求，评价内容和评价方法科学合理，评价过程严谨有序，评价结果真实有效，不断提高评价的专业化水平。四是坚持统筹协调。整体规划评价的各个环节，整合和利用好相关评价力量和评价资源，充分发挥各方面优势。协同推进相关改革，使各项政策措施相互配套，形成合力。五是坚持因地制宜。鼓励各地和学校结合实际，针对存在的突出问题和薄弱环节，完善评价指标体系，积极探索适宜的评价方式方法和工作机制，逐步形成各具特色的评价模式。

坚持全面系统的综合评价的主要举措。一是建立综合评价指标体系。把学生的品德发展水平、学业发展水平、身心发展水平、兴趣特长养成、学业负担状况等方面作为评价学校教育质量的主要内容，着力构建中小学教育质量综合评价指标体系。把德育的评价渗透到智育、体育和美育的评价之中，要构建科学合理的学生道德素质评价体系。二是健全评价标准。依据国家中小学课程方案、课程标准、学生体质健康标准和办学行为的要求等开展质量评价。积极研究探索，通过监测跟踪、积累数据等方式，逐步调整充实和完善。三是改进评价方式。要通过直接考查学生群体的发展情况来评价学校的教育质量。将定量评价与定性评价相结合，注重全面客观地收集信息，根据数据和事实进行分析判断。将形成性评价与终结性评价相结合，注重考查学生进步的程度和学校的努力程度。将内部评价与外部评价相结合，注重促进学校建立质量内控机制。注重发挥各方面的作用，逐步建立政府主导、社会组织和专业机构等共同参与的外部评价机制。四是科学运用评价结果。要把教育质量综合评价结果作为完善教育政策措施、加强教育宏观管理的重要参考，作为评价考核学校教育工作的主要依据。要正确运用评价结果，改进教育教学，发挥以评促建的作用。要逐步重视学生在社会实践、志愿者服务中的表现，增加课外社会实践和志愿者活动在升学和就业评价中的权重，鼓励学生积极投身社会实践，为社会服务。

五、立德树人必须坚持发挥教师的关键作用

教师承担着培养时代新人的历史重任。教师是立教之本、兴教之源，是办好中小学教育的依靠。中华人民共和国 70 年教育的历史经验告诉我们，落实党对教育工作的领导，必须充分发挥教师的关键作用，打造一支优秀的教师队伍，把广大教师锻造成党的教育方针的坚定实践者。

兴国必先强师，要落实教育大计，必须以教师为本，必须坚持把教师当作中小学教育的第一资源，把教师工作作为教育事业发展的重点。要把全面加强教师队伍建设作为一项重大工程，建设一支政治强、业务精的高素质教师队伍。要切实加强教师的思想政治建设，融入教师教育、融入学科专业、融入教学实践。要实施师资振兴行动计划，深化教师管理体制改革，进一步提高教师教学素质和能力。要优先谋划教师工作，优先满足教师队伍建设需要，大幅提升教师综合素质、专业化水平和创新能力，形成优秀人才争相从教、教师人人尽展其才、好教师不断涌现的良好局面。教育投入更多向教师倾斜，不断提高教师待遇。弘扬并形成尊师重教的良好社会风尚，让广大中小学教师专心从教、安心从教、热心从教。

师德师风是评价教师队伍素质的第一标准。要健全师德师风建设长效机制，拓宽教师文化视野，提高教师综合素养，加强教师教育

立德树人的启示
立德树人必须坚持发挥
教师的关键作用
立德树人必须坚持
全面系统的综合评价
立德树人必须坚持
尊重学生的主体性
立德树人必须遵循思想道德
教育规律和学生的身心发展规律
立德树人必须坚持
全员、全程、全方位育人

体系建设，推动教师成为先进思想文化的传播者、党执政的坚定支持者、学生健康成长的指导者和引路人。一要切实加强教师的职业道德和职业精神教育，让教师学会热爱、学会敬业、学会正确的价值判断、学会教育教学的真本领，珍惜教师的光荣，爱惜教师职业，严格要求自己，不断完善自己，执着于教书育人，有热爱教育的定力、淡泊名利的坚守，用爱心培育爱、激发爱、传播爱。二要抓好中小学的校长队伍建设，要培养一批能坚持“学生为本、德育为先”办学方针的中小学校长，确保德育工作有效推进。三要加强班主任队伍建设，要选派思想素质好、业务水平高、责任心强、有奉献精神的优秀教师担任班主任，并通过“名师工作室”、名师带教、班主任论坛等形式，以及多渠道培训，提高他们的思想道德素质和工作能力。四要关心青年教师的成长。要重视教师培训工作，要特别重视师德的培育，不断提高教师的整体水平。

参考文献

一、著作

1. 《习近平谈治国理政》，外文出版社2014年。

2. 《习近平谈治国理政》第一卷，外文出版社2018年版。

3. 《习近平谈治国理政》第二卷，外文出版社2017年版。

4. 习近平：《之江新语》，浙江人民出版社2007年版。

5. 习近平：《摆脱贫困》，福建人民出版社1992年版。

6. 习近平：《做党和人民满意的好老师——同北京师范大学师生代表座谈时的讲话》，人民出版社2014年版。

7. 习近平：《在北京大学师生座谈会上的讲话》，人民出版社2018年版。

8. 习近平：《决胜全面建成小康社会　夺取新时代中国特色社会主义伟大胜利——在中国共产党第十九次全国代表大会上的报告》，人民出版社2017年版。

9. 《毛泽东选集》第二卷，人民出版社1991年版。

10. 《毛泽东文集》第七、八卷，人民出版社1999年版。

11. 中共中央文献研究室编：《毛泽东著作专题摘编》上册，中央文献出版社2003年版。

12. 《邓小平文选》第二卷，人民出版社1994年版。

13. 《邓小平文选》第三卷，人民出版社1993年版。

14. 程中原：《转折年代：邓小平在1975—1982》，当代中国出版社2014年版。

15. 江泽民:《论“三个代表”》,中央文献出版社 2001 年版。

16. 胡锦涛:《在全国教育工作会议上的讲话》,人民出版社 2010 年版。

17.《马克思恩格斯文集》第一、二、五、八卷,人民出版社 2009 年版。

18.《马克思恩格斯选集》第一、四卷,人民出版社 1995 年版。

19.《马克思恩格斯全集》第二十一卷 人民出版社 2003 年版。

20.《马克思恩格斯全集》第三卷,人民出版社 1960 年版。

21.《共产党宣言:纪念版》,人民出版社 2018 年版。

22.《列宁全集》第三十五、三十九卷,人民出版社 2017 年版。

23.《十四大以来重要文献选编》上册,人民出版社 1996 年版。

24.《建国以来重要文献选编》第三册,中共中央文献出版社 2011 年版。

25.《十八大以来重要文献选编》上册,中央文献出版社 2014 年版。

26.《李大钊全集》第一、四卷,人民出版社 2006 年版。

27. 陈独秀:《独秀文存》,安徽人民出版社 1987 年版。

28. 陈元晖:《老解放区教育简史》,教育科学出版社 1981 年版。

29. 北京大学哲学系编译:《古希腊罗马哲学》,商务印书馆 1961 年版。

30.[古希腊]亚里士多德:《尼各马可伦理学》,廖申白译,商务印书馆 2003 年版。

31.[古希腊]柏拉图:《理想国》,郭斌和、张竹明译,商务印书馆 1986 年版。

32.[古希腊]亚里士多德:《政治学》,颜一、秦典华译,中国人民大学出版社 2003 年版。

33. [古希腊] 色诺芬:《回忆苏格拉底》,吴永泉译,商务印书馆 1986 年版,第 117 页。

34. [德] 康德:《论教育学》,赵鹏等译,上海世纪出版集团 2005 年版。

35. [德] 黑格尔:《哲学史讲演录》第二卷,贺麟、王太庆译,商务印书馆 1960 年版。

36. [英] 培根:《论学术的进展》,关琪垌译,商务印书馆 1938 年版。

37. [法] 托克维尔:《论美国的民主》,董果良译,商务印书馆 1988 年版。

38. [美] 乔恩·埃尔斯特:《理解马克思》,何怀远等译,中国人民大学出版社 2008 年版。

39. [美] 理查德·哈什、约翰·米勒、格林·菲尔丁:《道德教育模式》,傅维利、王念泉等译,学术期刊出版社 1989 年版。

40. [瑞士] 雅各布·布克哈特:《意大利文艺复兴时期的文化》,何新译,商务印书馆 1979 年版。

41. [美] 亨廷顿:《文明的冲突与世界秩序的重建》,周琪等译,新华出版社 1998 年版。

42. [美] 阿妮达·陈:《毛主席的孩子们——红卫兵一代的成长与经历》,史继平、田晓菲、穆建新译,渤海湾出版公司 1988 年版。

43. 曹文趣主编:《中学语文实用大全》,浙江教育出版社 2000 年版。

44. 北京师大附中编:《北京师大附中》,人民教育出版社 2000 年版。

45. 吴履平主编,课程教材研究所编:《20 世纪中国中小学课程标准·教学大纲汇编——课程(教学)计划卷》,人民教育出版社 2001 年版。

46. 吴履平主编,课程教材研究所编:《20 世纪中国中小学课程标准·教学大纲汇编——思想政治卷》,人民教育出版社 2001 年版。

47. 全国干部培训教材编审指导委员会:《改善民生和创新社会治理》,人民出版社、党建读物出版社 2019 年版。

48. 陈学恂:《中国教育史研究》第五卷，华东师范大学出版社 2009 年版。

49. 金铁宽主编:《中华人民共和国教育大事记》第 1 卷，山东教育出版社 1995 年版。

50. 贾桢等:《筹办夷务始末(同治朝)》卷二十九，中华书局 1979 年版。

51. 薛福成:《薛福成选集》，上海人民出版社 1987 年版。

52. 明刚编著:《教师如何立德树人》，中国轻工业出版社 2015 年版。

53. 王韬:《弢园尺牍》，中华书局 1959 年版。

54. 梁启超:《五十年中国进化概论》，中华书局 1922 年版。

55. 李彦福:《著名无产阶级教育家教育思想史》，广西人民出版社 1990 年版。

56. 吕型伟主编:《上海普通教育史(1949–1989)》，上海教育出版社 1994 年版。

57. 刘英杰主编:《中国教育大事典(1949–1990)》上册，浙江教育出版社 1993 年版。

58. 刘彭芝:《人生为一大事而来》，高等教育出版社，2004 年出版。

59. 李泽厚:《中国现代思想史论》，天津社会科学院出版社 2003 年版。

60. 居继清:《立德树人视阈下大学生核心价值观培育研究》，江西人民出版社 2016 年版。

61. 吴洪成:《中国小学教育史》，山西教育出版社 2006 年版。

62. 陈桂生:《中国德育问题》，福建教育出版社 2006 年版。

63. 中央教育科学研究所:《中国现代教育大事记》，教育科学出版社 1988 年版。

64. 华东师范大学教育系、教科所:《中国现代教育史》，华东师范大学出版社 1983 年版。

二、档案资料

1. 《北京市一九五二年度中学音乐教学提纲（草案）》，147—3—6，北京市档案馆藏。

2. 全国人民代表大会常务委员会法制工作委员会：《中华人民共和国法律汇编（1985–1989）》，人民出版社 1991 年版。

3. 中央档案馆：《中共中央文件选集（1936–1938）》第十一册，中央党校出版社 1991 年版。

4. 中央教育科学研究所：《老解放区教育资料（一）》，教育科学出版社，1981 年版。

5. 中央教育科学研究所：《老解放区教育资料（二）：抗日战争时期》上册，教育科学出版社 1986 年版。

6. 中央教育科学研究所：《老解放区教育资料（三）：解放战争时期》，教育科学出版社 1991 年版。

7. 教育科学研究所筹备处编：《老解放区教育资料选编》上册，人民教育出版社 1983 年版。

8. 江西省教育学会：《苏区教育资料选编（1924 — 1934）》，江西人民出版社 1981 年版。

9. 江西省教育学会：《苏区教育资料选编》，江西人民出版社 1981 年版。

10. 何东昌主编：《中华人民共和国重要教育文献 (1949–1975)》，海南出版社 1998 年版。

11. 陕西师范大学教育研究所：《陕甘宁边区教育资料（小学部分）》上册，人民教育出版社 1981 年版。

12. 江西省档案馆、中共江西省委党校：《中央革命根据地史料选编》下册，江西人民出版社 1986 年版。

13. 中国社会科学院近代史研究所《近代史资料》编译室:《陕甘宁边区参议会文献汇辑》, 知识产权出版社 2013 年版。

14. 东北教育社:《东北四年来教育文件汇编》, 东北新华书店 1949 年版。

15. 中共中央宣传部办公厅中央档案馆编研部编:《中国共产党宣传工作文献选编 (1949-1956)》, 学习出版社 1996 年版。

16.《钦定京师大学堂章程》, 璩鑫圭、唐良炎编:《中国近代教育史资料汇编: 学制演变》, 上海教育出版社 1991 年版。

三、报纸期刊网站

1. 习近平：《致清华大学苏世民学者项目启动仪式的贺信》，《人民日报》2013 年 4 月 22 日。

2.《习近平在全国教育大会上强调 坚持中国特色社会主义教育发展道路 培养德智体美劳全面发展的社会主义建设者和接班人》，《人民日报》2018 年 9 月 11 日。

3. 习近平：《全面贯彻落实党的教育方针 努力把我国基础教育越办越好》，《人民日报》2016 年 9 月 10 日。

4.《要从战略高度重视未成年人思想道德建设工作——中共浙江省委书记习近平答本报问》，《学习时报》2004 年 6 月 21 日。

5. 中共教育部党组：《深入学习领会习近平总书记关于教育的重要论述 坚定不移走中国特色社会主义教育发展道路》，《人民日报》2018 年 9 月 18 日。

6. 常宴会：《〈共产党宣言〉：马克思主义思想政治教育的实践典范》，《思想教育研究》2018 年第 11 期。

7. 曹京燕、卢忠萍、徐鹏：《中央苏区思想政治教育的当代价值探析》，《思想理论教育导刊》2016 年第 6 期。

8. 陈金龙：《十月革命与中国共产党早期革命话语的建构》，《历史研究》2018 年第 4 期。

9. 戴锐、曹红玲：《“立德树人”的理论内涵与实践方略》，《思想教育研究》2017 年第 6 期。

10. 徐特立：《论国民公德（上）》，《人民教育》1950 年第 3 期。

11. 冉亚辉：《孔子儒学对中国德育思维领域的历史影响》，《理论月刊》2018 年第 6 期。

12. 邵志豪:《新时期青少年德育本质意涵论析》,《社会科学战线》2016 年第 10 期。

13. 余一凡:《〈共产党宣言〉中的思想政治教育思想探析》,《马克思主义理论学科研究》2018 年第 5 期。

14. 乔荣生,梁瑞敏,陈曦:《马克思人的全面而自由发展思想的原初意蕴及当代启示》,《东北师大学报(哲学社会科学版)》2019 年第 3 期。

15. 王龙飞:《战争与革命时空下的小学教员与学生——以陕甘宁边区为中心》,《南京大学学报(哲学·人文科学·社会科学)》2014 年第 5 期。

16. 王兆璟、张翠:《论多元文化时代的西方国家德育》,《西北师大学报(社会科学版)》2011 年第 6 期。

17. 赖雄麟、陈二祥:《思想政治教育何以能将"精神变物质"——解放战争中的思想政治教育》,《中国矿业大学学报(社会科学版)》2010 年第 3 期。

18. 戚如强:《习近平立德树人思想的理论渊源与精神实质》,《马克思主义研究》2018 年第 7 期。

19. 马建欣:《论中国优秀传统文化的家庭德育》,《甘肃社会科学》2017 年第 3 期。

20. 雷月荣、程红艳:《传承与融合:论中国传统教化及其当代德育价值》,《当代教育科学》2019 年第 1 期。

21. 陈力祥:《中国古代社会道德践行机制及其当代价值探析》,《道德与文明》2010 年第 1 期。

22. 刘爱玲:《现代西方终身德育三种理论模式及其特征分析——基于社会建构主义的视角》,《教育理论与实践》, 2016 年第 25 期。

23. 刘同舫:《康德道德观及其对现实道德教育困境的开解》,《教育研究》2014 年第 4 期。

24. 王晓莉:《"立德树人"何以可能——从道德教育角度的审思与建议》,《全球教育展望》2014 年第 2 期。

25. 李宝敏：《中小学综合实践活动课程的目标指向：核心素养发展》，《中小学管理》2017 年第 12 期。

26.《开展抗美援朝的政治教育》，《人民教育》第 2 卷第 1 期。

27. 王凌皓：《汉代太学如何培养治国安邦之才》，《人民论坛》2018 年第 21 期。

28. 徐春喜、郭凤志：《中国传统伦理型德育思想的价值转换与创新》，《思想理论教育》2006 年第 1 期。

29. 韩丽颖：《立德树人：生成逻辑·精神实质·实践进路》，《东北师大学报》（哲学社会科学版）2016 年第 6 期。

30. 王岩：《新时期习近平教育立德树人思想溯源及基本内涵探究——以促进我国基础教育事业发展的视角》，《黑龙江教育学院学报》2018 年第 4 期。

31. 丰巍：《清末民初"德智体"三育传统的生成》，《浙江学刊》2018 年第 2 期。

32. 冯永刚：《西方学校德育的基本特征及其变革趋向》，《外国教育研究》2012 年第 5 期。

33. 杜时忠：《当前学校德育的三大认识误区及其超越》，《教育研究》2009 年第 8 期。

34. 吴慧珠：《新中国小学德育课程的演变》，《课程教材教法》2006 年第 2 期。

35. 徐蕾：《培养道德自觉：立德树人的现实路径》，《当代教育科学》2016 年第 5 期。

36. 林崇德：《中国学生核心素养研究》，《心理与行为研究》2017 年第 2 期。

37. 林德文：《把教育摆在先行官的位置》，《闽东日报》2015 年 3 月 23 日。

38. 中国教育科学研究院：《全国基础教育满意度稳中有升》，《中国教育报》2018年4月11日。

39.《中央教育部、青年团中央〈关于加强少年儿童暑期活动的领导的通知〉》,《人民日报》1954年6月27日。

40.《中国人民政治协商会议共同纲领》,《人民日报》1949年9月30日。

41.《应该重视和办好中等教育》,《人民日报》1951年4月5日。

42.《中国新民主主义青年团的宣传教育工作》,《人民日报》1953年7月2日。

43.《培养少年儿童多方面的兴趣,全国已有一百多处儿童校外教育机关》,《人民日报》1956年5月27日。

44.《家长对子女道德教育的责任》,《人民日报》1954年11月28日。

45.《第一次全国中等教育会议开幕,将解决中等教育的方针、任务等问题》,《人民日报》1951年3月20日。

此外,还参考了人民网、新华网、中华人民共和国教育部门户网站、中国青年网等网站文章。

后记

2012年，党的十八大报告指出，要坚持教育优先发展，全面贯彻党的教育方针，坚持教育为社会主义现代化建设服务、为人民服务，把立德树人作为教育的根本任务，培养德智体美全面发展的社会主义建设者和接班人。报告明确提出了“立德树人”这一重要概念，这是中国共产党对既往历史经验的深刻总结，也是中国教育思想发展的最新成果。

党的十八大以来，习近平总书记在不同场合多次强调立德树人的重要性以及思想政治理论课的重要意义。简而言之，立德树人就是要在新时代真正解决好“培养什么人、怎样培养人、为谁培养人”这一根本问题。从历史发展来看，中国共产党率领中国人民取得了举世瞩目的千秋伟业，为了保证伟大事业的传承有序，就必须高度重视后续人才的培养工作，要让一代又一代的后来者真正拥护中国共产党领导和社会主义制度，能够矢志不渝为中国特色社会主义事业奋斗终身。习近平总书记强调，思想政治理论课是切实落实立德树人这一根本任务的关键课程。在教育教学的过程中，要用新时代中国特色社会主义思想铸魂育人，引导学生增强中国特色社会主义道路自信、理论自信、制度自信、文化自信，要帮助他们把爱国热情自觉地融入实现中华民族伟大复兴的奋斗之中。

可以说，立德树人理念的提出，是理论创新大背景下的重要收获，是中华民族伟大复兴路上的现实需求，也是中国共产党教育思想发展的必然结果。

立德树人在中小学教育实践中最直观的表现形式和实现途径是思想道德教育。所谓思想道德教育，其实质就是以既有之德为方向与目标，通过教育的手段帮助受教育者建立符合德之标准的人生观、世界观和价值观，完成树人的过程。从人类社会发展的客观规律来看，思想道德教育长期而普遍地存在于人类社会的各个阶段，不同的社会形态均会建立与其发展阶段相对应的德，也就会建构与其德相匹配的树人之道。可以说，传统的立德与树人理念和思想道德教育之间是对立统一的辩证关系：立德与树人是思想道德教育的目的和灵魂，思想道德教育是立德与树人的具体实现途径。具体到中国的传统文化语境中，立德与树人理念有着极为悠久的历史渊源，始终代表着中国人对于育人理论的思考和求索，并在不同历史时期有着不同的现实表现。《左传》云："太上有立德，其次有立功，其次有立言，虽久不废，此之谓不朽。"这是"立德"一词首度在中国传统典籍中出现，此后立德、立功、立言成为封建时代读书人不懈追求的人生境界，亦作为一种强大的精神力量激励着发奋苦读的青年学子。《管子》有曰："一年之计，莫如树谷；十年之计，莫如树木；终身之计，莫如树人。"这是"树人"一词的首现。中华文明作为人类农耕文明的杰出代表，很早就已经意识到人是农耕社会能够产生决定性作用的能动者，因此《管子》的树人理念明确指出社会延续与进步的决定性因素在于人的成长与提升，树人也因此成为文明社会追求发展与创新的核心要素和最高追求。

自中国共产党领导革命之日起，中国传统文化中的立德与树人内涵便开启了革命性、历史性的转变。如果说在中国共产党成立初期，这种转变尚处于理论的初步探索阶段和实践的局部探索阶段，那么以 1949 年中华人民共和国成立为契机，立德与树人的理论与实践就开始进入了全面发展时期。1949 年至今的 70 年，是传统意义上的立德与树人理念发生嬗变的最重要时期，二者的关系从混沌到明晰，从游离到融合，以党的十八大正式提出立德树人这一概念为标志至今，传统的立德与树人理论实现了理论体系的内涵再造与当代重构。

毋庸置疑，中国传统意义上的立德与树人不可避免地带有那个时代的鲜明政治色彩。这一思想随着中华人民共和国成立后的重塑，就必然会被赋予无产阶级政党和马克思主义理论的政治色彩。但是，改革开放以来特别是进入中国特色社会主义新时代之后，立德与树人在政治属性依然鲜明的同时，其理论内涵更为深刻，理论外延更为广博。

随着立德树人这一重大理论话语的问世，以思想道德教育来指称有关实体，便具有明显的优势。所谓思想道德教育，是指在为社会成员创建世界观的同时，也要注重社会成员个体性的充分发展，使社会发展所需的德与社会成员的个体发展所需之德实现有机融合，并行而不悖，同行而互益，亦即社会政治性与个人主体性的辩证统一。立德树人理念既注重整体之德在个体身上的体现，也注重个体之德对整体的价值；既注重社会发展所需之人，也注重个人发展对社会之所需——这是一种升华了的新时代思想道德教育新形态。

思想道德教育在不同时期有着不同的表现形式。在阶级色彩深厚的早期社会，立德与树人均有着浓重的阶级色彩，德为社会的最高法则，所树之人要为德而丧失个人的主体性。笔者认为，这是一种狭隘的道德观念。中华人民共和国成立后，传统的观念不断改进革新，在超越了“政治性压倒一切”“个人主义至上”的误区后，立德树人作为马克思主义新时代的重要教育理论成果，使传统的立德与树人理念实现了有机融合，使立德与树人理论站在了数千年发展的阶段性高点，在创建符合人类社会整体利益的道德观念的同时，也充分注重了个人的主体性，实现了个体的充分发展，达到了人与社会的和谐共处。

1995年，我从北京师范大学毕业，开始了在中小学一线的工作经历。参加工作的这些年，恰逢中国改革开放事业不断推进、不断深化的时期，我看到了中国经济持续发展所创造的令人瞩目的中国奇迹，也见证了日益强大的中国逐渐走近世界舞台中央的历史进程，而这都给中小学带来了直接的影响和变化。作为一个基础教育工作者，我逐渐习惯于从教育的角度来理解国家层面的顶层设计、制度建设和理念创新。

2012年，党的十八大报告首次提出把立德树人作为教育的根本任务，引发了全社会的广泛关注，也让我备感振奋，备受鼓舞。从那个时候起，我就开始认真思考立德树人背后的深刻内涵和重大意义。

回眸过去，我始终带着强烈而神圣的使命感从事着育人工作，同时也在时刻提醒自己，青少年阶段是人生的拔节孕穗期，是人生观、世界观、价值观形成的关键时期，这一时期最需要引导学生扣好人生第一粒扣子。立德树人理念的提出，让我有机会从更宽广的视野，以更多维的视角来审视中小学生的思想道德教育，并且认识到这就是贯彻落实立德树人根本任务的最重要途径。概而言之，无论从中国特色社会主义事业发展的角度来看，还是从人的成长规律来看，青少年阶段都是最具战略意义的关键性阶段。这些思考和感悟促使我最终选择了现在的题目来研究。

本书基于中小学思想道德教育的政策演进视角来呈现中华人民共和国成立以来从立德与树人到立德树人的思想演进过程，深入解读和剖析新时代立德树人的理论内涵与实践成效，揭示其在新时代中国特色社会主义教育思想中的关键性作用。不妥之处，恳请方家批评指正！

图书在版编目（CIP）数据

立德树人：成就最好的学生和老师 / 邓跃茂著 . -- 北京：东方出版社，2020.1
ISBN 978-7-5207-1275-0

Ⅰ. ①立… Ⅱ. ①邓… Ⅲ. ①德育工作—研究 Ⅳ. ① G41

中国版本图书馆 CIP 数据核字 (2019) 第 265106 号

立德树人：成就最好的学生和老师

作　　者：邓跃茂
责任编辑：李志刚
出　　版：东方出版社
发　　行：人民东方出版传媒有限公司
地　　址：北京市朝阳区西坝河北里 51 号
邮　　编：100028
印　　刷：北京联兴盛业印刷股份有限公司
版　　次：2020 年 1 月第 1 版
印　　次：2020 年 1 月第 1 次印刷
开　　本：640 毫米 ×950 毫米　1/16
印　　张：16
字　　数：190 千字
书　　号：ISBN 978-7-5207-1275-0
定　　价：52.80 元
发行电话：（010）85924663　85924644　85924641

版权所有，违者必究
如有印装质量问题，我社负责调换，请拨打电话：（010）85924725